Christian Feldmann

„Wir hätten schreien müssen“

Das Leben des Dietrich Bonhoeffer

Herder
Freiburg · Basel · Wien

Gustl Angstmann
(1947–1998)
zum Gedenken

Gedruckt auf umweltfreundlichem,
chlorfrei gebleichtem Papier

Originalausgabe

Herstellung: Freiburger Graphische Betriebe 1998
Umschlaggestaltung: Joseph Pölzelbauer
Umschlagfoto: © dpa
ISBN 3-451-04610-5

INHALT

Am 5. April 1943, zwei Monate nach der Katastrophe von Stalingrad, wird ein politischer Häftling in das Militärgefängnis Berlin-Tegel eingeliefert. Zwölf Tage lang öffnet sich seine Zelle nur zum Essensempfang und zum Ausleeren des Kübels mit der Notdurft. Das Personal hat Anweisung, kein Wort mit dem Gefangenen zu sprechen. Den Grund für seine Verhaftung erfährt er erst ein halbes Jahr später. Man nimmt ihm alle persönlichen Sachen weg, sogar seine Taschenbibel, weil darin eine Säge oder Rasierklingen versteckt sein könnten.

Seife oder frische Wäsche gibt es nicht. In der ersten Nacht seiner Isolierhaft kann er kaum schlafen, weil ein Mithäftling in der Nachbarzelle stundenlang laut weint, ohne daß sich jemand um ihn kümmert. In der Zelle ist es kalt, aber die auf der Pritsche liegende Decke stinkt so bestialisch, daß er es nicht fertigbringt, sich damit zuzudecken.

Am nächsten Morgen wirft man dem Gefangenen durch die Türluke ein Stück Brot auf den Zellenboden; der Kaffee besteht zu einem Viertel aus Kaffeesatz. Von draußen ist das Brüllen der Wärter zu hören. „Im übrigen", wird er sich später erinnern, „öffnete sich die Zelle in den nächsten zwölf Tagen nur zum Essensempfang und zum Heraussetzen des Kübels. Es wurde kein Wort mit mir gewechselt."

Nach einigen Tagen notiert der Häftling auf einem Zettel, wie ihm zumute ist: „Selbstmord, nicht aus Schuldbewußtsein, sondern weil ich im Grunde schon tot bin, Schlußstrich, Fazit."

Aber der Häftling, der Pfarrer und heimliche Verschwörer Dietrich Bonhoeffer, stirbt nicht. Er wird in einen anderen Gefängnistrakt verlegt, bekommt Hafterleichterungen, als man entdeckt, daß seine Familie mit dem Stadtkommandanten von Berlin verwandt ist, dem Herrn über alle Militärhaftanstalten der Reichshauptstadt. Nun darf der Gefangene plötzlich Bücher und Schreibpapier empfangen und alle zehn Tage einen Brief abschicken.

Anderthalb Jahre lebt Bonhoeffer in dieser winzigen Zelle, zwei mal drei Meter groß, ausgestattet mit Pritsche, Schemel, Wandbrett und Eimer. In den bröckelnden Wandputz hat irgendein Vorgänger mit Galgenhumor den tröstenden Spruch geritzt: „In hundert Jahren ist alles vorbei." Licht kommt nur durch eine kleine Fensterluke hoch über seinem Kopf und abends von einer schlechten Glühbirne, die nach Lust und Laune der Wärter an- und ausgeschaltet wird.

Doch was der Häftling Bonhoeffer in diesen anderthalb Jahren auf Zettel kritzelt und entweder mit den genehmigten – und zensierten – Briefen dreimal pro Monat an seine Familie schickt oder auf verschlungenen Wegen aus der Zelle schmuggelt, geht in die Geistesgeschichte des 20. Jahrhunderts ein.

Zwischen Hoffnung und Todesangst, ungewiß über sein Schicksal, redet Bonhoeffer mit einem Gott, der seine Menschen offenbar verlassen hat. Diese Gespräche in den einsamen Tagen und Nächten von Tegel bilden die Situation eines gottfernen Zeitalters ab und werden zur Wegweisung für die Christen, die ihren Glauben auf dem schmalen Grat zwischen Treue und Verzweiflung zu leben versuchen. Ohne anderen Halt als jenen gekreuzigten Gott, der ihnen nur in der Ohnmacht des Karfreitags nahe ist …

1
Berlin, Barcelona, New York: Ein Theologe beginnt zu glauben

„Wenn ich mit der Bergpredigt wirklich anfinge, Ernst zu machen! Hier sitzt die einzige Kraftquelle, die den ganzen Zauber und Spuk einmal in die Luft sprengen kann"

„Die Gemeinde also vermag die Schuld zu tragen, die keines ihrer Glieder tragen kann, sie kann mehr tragen als alle ihre Glieder zusammen. Sie muß als solche eine geistliche Realität sein, die über alle Einzelnen hinausgreift. Nicht alle Einzelnen, sondern sie als Ganzheit ist in Christus, ist der ‚Leib Christi'; sie ist ‚Christus als Gemeinde existierend' (...) sie ist der gegenwärtige Christus selbst, und darum ist ‚in Christus sein' und ‚in der Gemeinde sein' dasselbe; darum trägt die Schuld der Einzelnen, die auf die Gemeinde gelegt ist, Christus selbst."

Sätze aus der Doktorarbeit, die Dietrich Bonhoeffer als Neunzehnjähriger begann und zwei Jahre später, 1927, mit der bestmöglichen Bewertung *summa cum laude* abschloß. Ihr Titel: *Sanctorum Communio,* Gemeinschaft der Heiligen, *eine dogmatische Untersuchung zur Soziologie der Kirche.* Für Bonhoeffer, aber auch für eine ganze Theologengeneration markiert so ein Thema die Wende von eher abstrakten Fragestellungen hin zur Beschäftigung mit der konkreten Gestalt des Glaubens. Gegen alles Abschieben Gottes in höhere Sphären setzte der junge Pastorenanwärter seine Nähe unter den Menschen. Glaube hatte für ihn ganz selbstverständlich mit Welt und Geschichte zu tun, war gebunden an eine sich entwickelnde, unvollkommene Kirche, in der man stets „mit Mitläufern rechnen" müsse und die dennoch das „Reich Christi" bilde.

Der 21jährige Doktor der Theologie paßt in die Familie Bonhoeffer, die auf den ersten Blick wie eine geballte geistige

Potenz anmutet: Der Vater, Karl Bonhoeffer, einer der angesehensten Professoren in der noch jungen deutschen Psychiatrie. Urgroßvater und Großvater mütterlicherseits bekannte Theologieprofessoren. Die Mutter besaß – damals eine Seltenheit – das Examen als Lehrerin und unterrichtete ihre acht Kinder so gut, daß sie etliche Schulklassen überspringen konnten; daher Dietrichs rasant frühe Universitätskarriere. Sein Bruder Karl-Friedrich wurde später als Physikprofessor durch seine Forschungen zur Chemie des Wasserstoffs international bekannt.

Am 4. Februar 1906 in Breslau geboren, kam Dietrich wenige Jahre später nach Berlin, wo sein Vater den Lehrstuhl für Psychiatrie und Neurologie und die Leitung der Universitätsklinik übernahm, der angesehenen *Charité.* In der für alle geistigen Strömungen der Zeit, für Politik, Kunst und Musik aufgeschlossenen Familie war der Mief des wilhelminischen Bürgertums längst durch weitherzige Toleranz abgelöst. Die Geschwister lasen den sozialdemokratischen *Vorwärts,* und es machte starken Eindruck auf Dietrich, als sich seine resolute Großmutter 1933 nicht am Boykott jüdischer Geschäfte beteiligte, sondern sich trotzig an den SA-Wachtposten vorbei in die Läden schob. Eine alte Dame von 91 Jahren, die aber die rebellische Tradition ihrer Familie auf sehr lebendige Weise in Ehren hielt: Etliche Vorfahren hatten den anfangs radikaldemokratischen Burschenschaften angehört und waren eingekerkert oder des Landes verwiesen worden.

Fast wäre er Pianist geworden

Auf den ersten Fotografien sieht der kleine Dietrich aus wie ein Mädchen: lange blonde Haare, weiche Gesichtszüge, verträumte große Augen. Doch in den Zeugnissen aus der Kindheit findet sich nichts, was auf ein verzärteltes Muttersöhnchengehabe schließen ließe: keine Widerstände gegen Sport und Jungenspiele, keine Vorliebe für Gedichte oder Theatermaskeraden (obwohl er so nebenher ein Märchenspiel nach Hauffs *Das kalte Herz* textet und mit den Geschwistern aufführt), keine Streberei in der Schule. „Er rauft sich gern und viel", schreibt der Vater fast erleichtert in die Familienchronik, als Dietrich acht Jahre alt ist.

Zu Weihnachten wünscht er sich „Pistole mit Pfropfen, Soldaten!" Und einem Freund schreibt er voll grimmiger Begeisterung von den Spielen im Garten: „Wir machen jetzt eine unterirdische Höhle und Gang. Er geht von der einen Seite der Laube bis zur Höhle. Er ist dazu, daß wenn wir wieder einmal uns mit dem Klaus [einem seiner Brüder] hauen, wir entweder der Höhle Entsatz bringen können oder den Feind vom Rücken angreifen können. Vor die Höhle machen [wir] einen Wall und eine Fallgrube und ein ganz tiefes Loch; denn wenn da mal jemand reinfällt, daß wir ihn gleich in das Loch zerren."

Der herzensgute, aber etwas spröde Vater hätte zu deutlich geäußerte Gefühle im Kinderzimmer auch nicht geduldet. Im Hause Bonhoeffer war man aufgeklärt und großzügig, aber es herrschte Disziplin und eine fast englisch anmutende Selbstkontrolle. Der Herr Geheimrat Bonhoeffer haßte Emotionen und Klagen. Auch später als junger Pfarrer pflegte Dietrich automatisch die Stimme zu senken, wenn er wütend oder aufgeregt war: bloß keine Schwäche zeigen! Andererseits gab es in dieser Familie kein heiligeres Gebot als die Rücksichtnahme auf die anderen Geschwister.

„Er war kein Vater, dem man am Bart kraulen oder Kosenamen geben konnte", erinnert sich Dietrichs Schwester Christine. „Aber er war ein Fels, wenn man ihn brauchte." Was ihm an seelischer Wärme gefehlt haben mag, ersetzte die Mutter Paula, unermüdlich im Erfinden von Spielen und Geschichten und in ihrer resoluten Energie bisweilen etwas unbekümmert: Als ihr Sohn Klaus beim Schwimmenlernen Angst vor dem tiefen Becken zeigte, sprang sie kurzentschlossen selbst ins Wasser – obwohl sie nicht schwimmen konnte.

Die Bonhoeffers führten ein offenes Haus, wo sich ständig irgendwelche Onkel und Cousinen aufhielten, Studenten des Vaters, Kollegen aus der *Charité,* Mitschüler der Kinder, Verehrer der größeren Töchter. Samstags traf man sich zur Hausmusik, Dietrich spielte dabei Klavier, und zwar so gut, daß die Eltern ernsthaft eine Ausbildung zum Pianisten in Erwägung zogen. Er komponierte Lieder und eine Kantate über den Psalm 42. Und sein Abitur bestand er natürlich mit Bravour: einem „Sehr gut" in Turnen und Betragen, mäßigen Noten lediglich in Englisch, Geschichte und Mathematik – und einem einzigen „Nicht genügend" für seine eigenwillige Handschrift.

Berlin Anfang des 20. Jahrhunderts: eine vor Tempo und Rhythmus explodierende Metropole, ein kultureller Schmelztiegel, hektisch, laut, chaotisch, unüberschaubar, alles andere als eine heile kleine Welt. Mit mehr als zwei Millionen Einwohnern platzte die Reichshauptstadt bereits aus allen Nähten, und immer neue Menschenmassen strömten von überall her in das größte Industriezentrum des Kontinents, Entwurzelte auf der Suche nach Arbeit und gutem Verdienst, nach weltstädtischem Flair und vielleicht auch ein wenig Sinnenreiz und Nervenkitzel.

Aber die erträumte Straße zum Glück entpuppte sich allzuoft als Sackgasse: schmutzige Gelegenheitsjobs statt der großen Lebenschance, elende Mietskasernen und Kellerquartiere statt eleganter Wohnkultur, am Ende nicht selten das Obdachlosenasyl oder Bordell. Aus der biedermeierlichen Residenzstadt war längst ein ineinandergeschachteltes Gewirr aus Handels- und Transportzentren, Fabrikschloten und Gasometern, vielgeschossigen Mietskasernen und wüstenartigen Schuttabladeplätzen geworden.

Die Genußgier der Reichen blähte sich in den Kaufhallen und teuren Restaurants; in den von tausend Gasflammen erhellten Nächten flanierte mondäne Eleganz über die Boulevards; die Grande mode traf sich zur Soiree in der Villa irgendeines Kommerzienrats oder Industriemagnaten, während die Boheme der Maler und Literaten laszive Feste in den Künstlerateliers feierte. In den armen Stadtbezirken aber waren sechs-, acht-, zehnköpfige Familien in winzigen Bruchbuden zusammengepfercht, in dunklen, feuchten Elendsquartieren im Keller und unter dem Dach, niedrigen Räumen ohne Licht und Luft, in denen zugleich gewohnt, geschlafen, gekocht, gewaschen und gebügelt wurde, in denen blasse Kinder aufwuchsen und manchmal noch eine Nähmaschine ratterte, weil sich die Bewohner mit Heimarbeit ein paar Pfennige verdienten.

Kindheit bedeutete hier nicht Spielen und unbeschwertes Herumtollen, sondern Hunger, Betteln, Lumpensammeln, frühe Lohnarbeit. Als Bonhoeffer geboren wurde, betrug die Säuglingssterblichkeit im feinen Tiergarten-Viertel 5,2 Prozent, im proletarischen Wedding dagegen 42 Prozent. „Mein kleiner Bruder", erinnert sich ein literarisch begabter Arbeiter, „saß den ganzen Tag in dem dunstigen Raum. Es war wirklich kein Wunder, daß er kurze Zeit darauf diese schäbige Welt wieder verließ. Das war sehr schlau gehandelt, wie mein Vater damals sagte."

„Zu Großem sind wir noch bestimmt, und herrlichen Tagen führe ich euch entgegen!" hatte der in Uniform und Pathos verliebte Operettenkaiser Wilhelm II. getönt. Kaiserliche Hofbälle und Manöver, kaiserliche Polizisten zu Pferde mit Pickelhaube und Säbel bildeten die entsprechende Fassade in der Hauptstadt. Doch als sich der Monarch einmal in die „schlechten" Viertel wagte, da scholl es ihm fordernd entgegen: „Brot und Arbeet!"

„Hurra, es gibt Krieg!"

Wieviel mag der junge Dietrich von der Berliner Wirklichkeit mitbekommen haben, von diesem Hexenkessel mit seinen brodelnden sozialen Spannungen? Das Professorenviertel Grunewald, wo die behäbige Villa der Bonhoeffers stand, bildete eine eigene Welt, und ins feine Grunewald-Gymnasium gingen keine Proletenkinder.

Die feuchten Kellerwohnungen am Wedding, die verzweifelten Umsturzträume in den roten Zirkeln, das war so weit weg wie die verzauberten Reiche von Tausendundeiner Nacht.

Der Gymnasiast Dietrich hatte offenbar weniger Schwierigkeiten als seine skeptischen älteren Brüder, das eherne bürgerliche Weltbild und die vorgefundenen Ordnungen anzunehmen. Den selbstverständlichen Führungsanspruch einer privilegierten Elite hat er lange nicht in Frage gestellt. Aber er war wach und lernfähig genug, sich im Lauf der Jahre seinen eigenen Reim auf die gesellschaftlichen Verhältnisse zu machen.

Als das Deutsche Reich Anfang August 1914 gegen Rußland und Frankreich mobilisierte, stürmte eine von Dietrichs Schwestern mit dem Freudenschrei „Hurra, es gibt Krieg!" ins Haus – und bekam für ihre patriotische Begeisterung eine Ohrfeige. Der achtjährige Junge war natürlich ganz auf der Seite seiner Schwester. Er hängte sich eine Landkarte Europas an die Wand und protokollierte mit Stecknadeln den aktuellen Frontverlauf. Doch als dann drei seiner Vettern fielen, als 1918 der geliebte Bruder Walter – ein Jahr zuvor hatte er sich freiwillig an die Front gemeldet – ebenfalls ein Soldatengrab in Frankreich fand, da begannen die festgefügten Mauern dieser Weltsicht einzustürzen. Sie und Dietrich seien abends noch lange wachgelegen, berichtet seine Zwillingsschwester Sabine, und hätten versucht, „uns das ‚Totsein' und das ewige Leben vorzustellen (...) Nach längerer Zeit intensiver Konzentration fühlten wir uns oft schwindlig."

Zunächst hatte er sich noch über die biederen Bürgersleute lustig gemacht, die in der Weimarer Republik in politische Führungsstellungen rückten und die Junker und Aristokraten des Kaiserreichs ablösten: ein Sattlermeister, Ebert, als Reichskanzler! Doch als im Juni 1922 der Außenminister Walther Rathenau – Friedenspolitiker mit ganzem Herzen und dazu auch noch Jude – in unmittelbarer Nähe des Grunewald-Gymnasiums von Rechtsextremisten erschossen wurde, da war von den Schülern keiner so empört wie der 16jährige Dietrich Bonhoeffer.

„Ich erinnere mich an die Schüsse, die wir während des Unterrichts hörten", notierte ein Mitschüler später. „Ich erinnere mich auch noch des leidenschaftlichen Entrüstungsausbruches meines Freundes Bonhoeffer (...) ich erinnere mich, daß er fragte, wo es denn mit Deutschland hinkommen solle, wenn man ihm seine besten Führer ermorde. Ich erinnere mich daran, weil ich es bewunderte, daß man so genau wissen konnte, wo man stand." Dietrich selbst drückte sich in einem Brief an die in Tübingen studierende Zwillingsschwester Sabine nicht so gewählt aus: „Ein Schweinevolk von Rechtsbolschewisten", brach es aus ihm heraus.

Die Not, die dem verlorenen Krieg folgte, den Hunger und die Massenarbeitslosigkeit hatte er genau beobachtet. Nach Auskunft des Vaters erwies er sich als hervorragender „Laufbursche und Verpflegungsrekognoszierer", kannte sämtliche Schwarzmarktpreise, organisierte Obst und Mehl. Doch wirklich dreckig ging es den ärmeren Familien, das wußte er sehr gut. Seiner Gemeinde in Barcelona, die er als Auslandsvikar zu betreuen hatte, erzählte er später von den Folgen der „Hungerblockade" Ende 1918 (Großbritannien hatte Deutschland von allen Importen abgeschnitten): Pro Tag habe man auf die Lebensmittelkarten höchstens sechs Scheiben Brot bekommen, mit Sägemehl drin, Saccharintabletten statt Zucker und zum Frühstück, Mittagessen und Abendbrot Rüben, Rüben und nochmals Rüben. An Kohle habe es gefehlt und an Kleiderstoffen. Und wenn er auf dem Schulweg eine bestimmte Brücke überquerte und dort am Fluß wieder eine Gruppe von Leuten stehen sah, sei ihm klar gewesen, da habe sich wieder jemand aus Verzweiflung umgebracht.

Nein, der junge Bonhoeffer war ein viel zu scharfer Beobachter, um dauerhaft auf Kriegsbegeisterung und Weltmachtanspruch und Judenhaß und all die anderen Glaubensartikel der stockkonservativen Fraktion im deutschen Bürgertum hereinzufallen. Deshalb hielt es ihn nur etwa ein Jahr bei den Pfadfindern, denen er mit dreizehn beigetreten war; die ewigen Kriegs- und Geländespiele verloren bald ihren Reiz.

Aus demselben Grund blieb dann Dietrichs Mitgliedschaft in der liberal-konservativen Studentenverbindung *Igel* ebenso Episode wie seine Teilnahme an einer Übung der *Schwarzen Reichswehr.* Der *Igel,* so erläutert Bonhoeffers Freund und Biograph Eberhard Bethge, habe sich zwar mit dem grauen Igelfell von den farbenfrohe Mützen tragenden „schlagenden Verbindungen" mit ihrem militärischen Gehabe abgesetzt und bei Arbeitseinsätzen während der Ferien auch sozial betätigt. Doch die starke Reglementierung der Freizeit und das „stereotype Besuchemachen" bei den Bundesbrüdern sei gar nicht nach seinem Geschmack gewesen. Formell trat Bonhoeffer allerdings erst 1933 aus der Verbindung aus, als der *Igel* den antisemitischen „Arierparagraphen" in seine Satzung übernahm.

Paramilitärische Vereinigungen ehemaliger Freikorpskämpfer wie die *Schwarze Reichswehr* umgingen das im Versailler Vertrag enthaltene Verbot der allgemeinen Wehrpflicht und bildeten junge Männer für die erwarteten bürgerkriegsartigen Auseinandersetzungen mit den „Roten" aus. Die zweiwöchige Übung in Württemberg bei den *Ulmer Jägern*, wie Bonhoeffers Abteilung hieß, befriedigte zwar seine romantischen Bedürfnisse; Muskeln habe er gekriegt, schrieb er nach Hause, und als sie in der Morgendämmerung zum Manöver marschiert seien, „da hoben sich die dunklen Umrisse wunderbar durch die aufgehende Sonne vom Schnee ab, und eine halbe Stunde später waren die Alpen herrlich klar und nah zu sehen".

Aber die Geländeübungen mit Sturmangriffen in voller Ausrüstung gefielen ihm überhaupt nicht. „Besonders scheußlich ist das Hinwerfen auf den gefrorenen Acker mit Gewehr und Tornister." Und dann seien die Mannschaften fast alle „stark reaktionär". Alles warte nur auf einen Putsch des Generals Ludendorff gegen die Republik, der freilich besser organisiert sein müsse als Hitlers dilettantischer Marsch auf die Münchner Feldherrnhalle wenige Wochen, bevor Bonhoeffer seinen Brief schrieb.

Theologiestudium aus Rebellion?

Zur protestantischen Kirche unterhielt die Familie Bonhoeffer trotz der illustren Theologen in der Verwandtschaft ein recht kühles Verhältnis. Man ging nicht in die Kirche und schickte auch die Kinder nicht zum Gottesdienst. Zu Hause freilich wurde das Tischgebet gepflegt, und die Mutter erzählte den Kindern Geschichten aus der Bibel. „Es wurden viele Choräle gesungen und abends gebetet", erinnert sich Dietrichs Nichte. „Weihnachten las die Mutter die Weihnachtsgeschichte, am Sylvesterabend den 90. Psalm vor, auf den sämtliche Verse von *Nun laßt uns gehen und treten* folgten ..."

Von der „Volkskirche" mit ihren frommen Predigten und Zirkeln scheint man sich mit der Arroganz des aufgeklärten Intellektuellen ferngehalten zu haben: „Wozu die fatale Unerbaulichkeit einer äußeren Versammlung, in der man Gefahr läuft, einem bornierten Prediger gegenüber und geistlosen Gesichtern zur Seite zu sitzen?" fragt Dietrich provokant in derselben Dissertationsschrift, in der er diese so wenig Glanz ausstrahlende Versammlung als „Heiligtum Gottes" entdeckt.

Vielleicht steckt in Dietrichs früher Entscheidung, Theologie zu studieren, auch ein Stück Rebellion gegen die Familie (die seinen Entschluß ohne große Auseinandersetzungen respektierte) und der Versuch, sich mit einem solchen eigenständigen Weg von den stark naturwissenschaftlich interessierten älteren Brüdern abzugrenzen. Von einer besonderen Leidenschaft für theologische Themen ist anfangs jedenfalls nichts zu spüren. Keine Andeutung in der Abiturarbeit, die *Catull und Horaz als Lyriker* vorstellt und auf originelle Weise vergleicht:

„Horaz ist eben der feststehende Römer, Catull der temperamentvolle Lombarde. (...) Catull schwankt von einem Extrem ins andere: ‚odi et amo'. Er haßt und liebt. Alles ist Bewegung, Temperament, bei Horaz ist es Ruhe, Abgeklärtheit. Dementsprechend hat auch Catull keinen Humor, er hat nur Ironie. (...) Catull steht eben immer in der Situation, Horaz setzt sich über alles mit einem gewissen Lächeln, einem Humor, hinweg. (...) Der eine ist Revolutionär, der andere konservativ."

Jahre später vertraut der Vater ihm mit dem milden Spott des Agnostikers an, was er sich damals gedacht hat: „Ein stilles, unbewegtes Pastorendasein, wie ich es von meinen schwäbischen Onkeln kannte", sei „fast zu schade" für seinen Sohn. „Darin habe ich ja, was das Unbewegte anlangt, mich gröblich getäuscht." Denn zu diesem Zeitpunkt ist Dietrich bereits Pfarrer in London, und in seinem Leben kündigen sich dramatische Entwicklungen an.

Daß bei der Entscheidung für die Theologie Trotz und Aufmüpfigkeit mitgespielt haben mögen, der Wille, aus festgefahrenen Gleisen auszubrechen und sich den Erwartungen der Familie zu verweigern, legt ein von Bethge gefundenes Blatt mit einer späten Gewissenserforschung nahe. Es stammt vermutlich aus dem Jahr 1932; Bonhoeffer spricht von sich in der dritten Person, aus der Distanz des kritischen Beobachters: „Er wurde rot, als er eines Tages in der Prima auf die Frage seines Lehrers leise antwortete, Theologie wolle er studieren. Er war nicht einmal aufgestanden, so schnell war ihm das Wort entfahren. (...) Es war etwas Außerordentliches geschehen, und er genoß dies Außerordentliche und schämte sich zugleich. Jetzt wußten sie es alle. Jetzt hatte er es ihnen allen gesagt. Jetzt mußte sich ihm das Rätsel seines Lebens lösen."

„Erbärmliche Eitelkeit" wirft er sich im Rückblick vor: „Es hatte ihm unvergleichlichen Eindruck gemacht, als er bei Schiller las, daß der Mensch nur einigen wenigen kleinen Schwächen absterben müsse, um göttergleich zu sein. Seitdem war er auf der Lauer. Er würde hier als der Held aus dem Kampf hervorgehen, ging es ihm durch den Kopf. Er hatte es soeben feierlich gelobt. Ihm war sein Weg vorgezeichnet (...) Aber wie, wenn er versagen würde? Wenn der Kampf mißlänge? Wenn er den Kampf nicht durchhalten könnte? (...) Was meinten die neugierigen, mißtrauischen, gelangweilten, enttäuschten, spöttischen Augen der Klassenkameraden? Trauten sie es ihm nicht zu? Glaubten sie nicht ganz der Aufrichtigkeit seines Vorhabens? Wußten sie etwas von ihm, was er selbst nicht wußte? Warum seht ihr mich denn alle so an? (...) Gott, sage selbst, ob ich dich ernstlich meine. (...) Wer redet denn? Mein Glaube? Meine Eitelkeit? Gott, ich will Theologie studieren. Ja, ich habe es gesagt. Sie haben es alle gehört. Es gibt kein Zurück mehr. Ich will ... Aber wenn ...?"

Begnadeter Lügner, Schauspieler, Krimi-Fan

Seinen Mitstudenten in Tübingen und Berlin ist Dietrich als außerordentlich heller, kritischer Kopf in Erinnerung geblieben, aber auch als temperamentvoller, zu Späßen aufgelegter Kumpel. Von dem linkisch biederen Verhalten, das viele spätere Pfarrer auszeichnet, war bei ihm nichts zu spüren. Er schlief gern bis spät in den Vormittag hinein, vermochte fabelhaft zu lügen, wenn er jemandem damit einen Streich spielen konnte, ließ sich im Kino keinen intelligenten Krimi entgehen und rauchte bisweilen wie ein Schlot. Das tat er auch, wenn er seine über eine schöne Gesangsstimme verfügende Schwester Ursula am Klavier begleitete; als sie sich einmal beschwerte, in dem Dunst nicht singen zu können, stand er wortlos auf und stampfte beleidigt aus dem Zimmer.

„Er liebte jede Art von Spielen", besonders Kartenspiele, Rommé, Bridge, erinnert sich ein Gefährte aus der späteren Zeit im Finkenwalder Predigerseminar. „Ich lernte von ihm eines der interessantesten Spiele meines Lebens, ein Silbenrätsel, das eine Art Scharade war. Zwei Spieler mußten gegeneinander spielen, wobei jeder eine Figur aus der Geschichte, der Literatur oder der Gegenwart darstellte. Keiner wußte aber, wen er selbst darzustellen hatte, man wußte nur, wen der Gegner spielen mußte. So mußten wir unsere Phantasie bemühen, damit der andere seine Rolle spielen und herausfinden konnte, wer er sei. Einmal war mein Gegner Winston Churchill und ich selbst Adele Sandrock (...) Bonhoeffer spielte abwechselnd mit großem Talent jede Rolle. Er erfaßte Situationen ungewöhnlich schnell und war in diesem Sinne ein guter Schauspieler."

„Dem stürmischen Temperament Dietrich Bonhoeffers und seinem sicheren Auftreten war ich in keiner Weise gewachsen", weiß ein Mitstudent zu berichten, und wenn man sich die Fotos von dem hochgewachsenen, kräftigen Zwanzigjährigen ansieht, versteht man seine Scheu. In späteren Jahren, füllig geworden, im Gesicht aufgeschwemmt und mit Halbglatze, ähnelte Dietrich schon eher dem behäbigen, nicht sehr männlichen Typus des akademischen Theologen. Beeindruckend blieb seine Art, mit Menschen umzugehen: Er sprach sie sehr direkt und klar an, blickte dabei aber in der Regel auf den Boden oder zur Seite, nach eigener Aussage deshalb, um sein Gegenüber nicht zu irritieren und selbst sachlich, unvoreingenommen zu bleiben. Bonhoeffer verband große Kontaktfreude mit einer keineswegs unsympathisch wirkenden Art von Unnahbarkeit. „Man konnte ihn nicht einfach belanglos ansprechen und mit ihm plaudern", erläutert der spätere Bischof Albrecht Schönherr, der mit ihm in Finkenwalde war.

Die akademische Welt muß ihn von Anfang an fasziniert haben. In den Briefen, die er den Eltern aus Tübingen schreibt, klagt er nicht über Streß, sondern erzählt mit sprudelnder Begeisterung, welche Fächer ihn besonders interessieren (Bibelwissenschaft, Religionsgeschichte, Philosophie) und auf welche Professoren er sich freut. Nach zwei Semestern wechselt er nach Rom und findet sich dort überraschend gut zurecht, der spröde Protestant in der fremden Welt einer unbefangen sinnlichen, überschäumenden Religiosität.

Bisher hat er sich sozusagen privat für Religion interessiert, mit einer distanzierten intellektuellen Neugier für die menschlichen Möglichkeiten, sich der Transzendenz zu nähern. Hier in Rom geht ihm zum ersten Mal auf, was im alltäglichen Leben und in Gemeinschaft praktizierter Glaube bedeutet. Am Palmsonntag 1924 erlebt er ein Hochamt im Petersdom, sieht Priester und Seminaristen verschiedener Hautfarbe am Altar, findet die Universalität einer im Ritus geeinten Weltkirche „fabelhaft".

Am Spätnachmittag sieht er 40 Internatsschülerinnen (die er mit Ordensnovizen verwechselt) zur Vesper in die Kirche Trinità dei Monti einziehen: „Die Orgel setzt ein, und mit unglaublicher Einfachheit und Anmut singen sie mit großem Ernst ihren Vespergesang." Anders als er es bei „richtigen Nonnen" vermutet, habe jede Routine gefehlt: „Das Ganze machte einen unerhört unberührten Eindruck tiefster Frömmigkeit. Als sich nach dem halben Stündchen die Tür wieder öffnete, hatte man den herrlichsten Blick über die Kuppeln von Rom bei untergehender Sonne. Ich ging nun noch etwas auf dem Pincio spazieren. Der Tag war herrlich gewesen, der erste Tag, an dem mir etwas Wirkliches vom Katholizismus aufging, nichts von Romantik usw., sondern ich fange, glaube ich, an, den Begriff ‚Kirche' zu verstehen."

„Es gibt kein blindes Drauflossuchen nach Gott“

Kann es sein, daß der Glaube nicht nur eine Sache des verborgenen Herzens und des mit tausend unterschiedlichen Erfahrungen gefüllten Hirns ist? Es fasziniert ihn, wie die Katholiken dem inneren Gefühl eine sichtbare Gestalt und der individuellen Vorstellung eine verbindliche Form geben. Seinen kritischen Blick hat er sich natürlich bewahrt. Vielleicht sei der protestantische Verzicht darauf, in Symbole zu fassen, was man verstandesmäßig nicht begreifen könne, der ehrlichere Weg, meint er auf dem Rückweg von der Karfreitagsliturgie zu einem Priesterseminaristen. Die Dogmatik bleibt ihm unheimlich, sie „verhängt alles Ideale am Katholizismus, ohne es zu wissen". Und der bei einer großen Audienz erlebte Papst habe einen „ziemlich gleichgültigen Eindruck" gemacht, es fehle ihm „jede Grandezza". Bonhoeffers Enttäuschung ist verzeihlich; Pius XI. war von Haus aus ein trockener Wissenschaftler und nicht gerade eine charismatische Figur.

Das Thema „Kirche" läßt ihn jedenfalls nicht mehr los. Wieder nach Berlin zurückgekehrt, nimmt er leidenschaftlichen Anteil an der unter den Hochschultheologen entbrannten Kontroverse um die konkrete Gestalt des Glaubens: Genügt die frei schweifende wissenschaftliche Diskussion über die Bibel und den Sinn der Welt? Ist der bürgerliche „Kulturprotestantismus" mit seiner wachsweichen Anpassung an Kriegsgeschrei und Klassendenken nicht schuldig geworden am Evangelium und am Leid der Kleinen, an den Rand Gedrängten? Wie muß eine Kirche aussehen, die dem gekreuzigten Außenseiter treu bleiben will, auf den sie sich ständig beruft?

Bonhoeffer stellt den akademischen Halbgöttern bohrende Fragen. Und er macht den Theologenzwist zum Thema seiner Doktorarbeit, an die er sich bereits als 19jähriger wagt: *Sanctorum Communio,* „Gemeinschaft der Heiligen". Wie wird Gottes Botschaft in der Welt leibhaftig? Wie nimmt die von den Christen geglaubte Wahrheit in der irdischen Realität Fleisch an?

„Die Kirche ist der neue Wille Gottes mit den Menschen", erklärt Dietrich. „Gottes Wille ist stets gerichtet auf den konkreten geschichtlichen Menschen. Dann aber nimmt er seinen Anfang *in der Geschichte.* An irgendeiner Stelle der Geschichte muß er sichtbar, verständlich und (...) offenbart werden." Das klingt harmlos-abstrakt, ganz wie die gewohnten Worthülsen der Theologen. Ein paar Seiten weiter dann auch noch die Sentimentalität pietistischer Kanzelredner: „Der Faden, den der erste Adam zwischen Gott und Mensch zerschnitt, wird von Gott aus neu geknüpft, und zwar indem er in Christus seine Liebe offenbart, nun nicht mehr in Forderung und Anruf, als reines Du an den Menschen herantretend, sondern sich als Ich schenkend, sein Herz öffnend. In der Offenbarung des Herzens Gottes ist die Kirche begründet."

Doch die sanfte Sprache birgt Zündstoff: die Kampfansage eines zornigen jungen Mannes an die unverbindliche Beliebigkeit eines einsamen Individualismus einerseits und an den irrationalen Sog der Masse andererseits. In der akademischen Theologenwelt macht er – verkürzt gesagt – zwei Lager aus, deren Positionen jeweils ihre Berechtigung haben, aber in charakteristische Versuchungen führen: Die einen, historisch orientiert, streng empirisch arbeitend, zeichnen ein Bild der Kirche als rein gesellschaftliche Größe, sozusagen als gutorganisierter Verein mit einem gemeinsamen Programm. Das ist die irgendwann einmal ergangene und in der Lehre zementierte Offenbarung. Ernst Troeltsch steht für diese Fraktion. Die andere folgt Karl Barth, dem Querdenker aus der Schweiz, für den die Offenbarung jeweils den einzelnen Hörer direkt trifft. Kirche ist dann ein eher geistiges Phänomen, die Gemeinschaft aller, die dieses Wort hören und akzeptieren.

Bonhoeffer – eine erstaunliche Leistung für einen Anfänger in der Glaubenswissenschaft – verbindet die beiden Kirchenbilder zu einer zukunftsträchtigen Vision. Kirche ist zugleich soziale Körperschaft und geistige Gemeinschaft. Kirche übersteigt von der Herkunft und vom Anspruch her die Welt – aber sie hat eine ganz konkrete weltliche, soziale Gestalt. Kirche steht in Distanz zur Welt – und trägt Verantwortung für sie. Die „Einheit der neuen Menschheit in Christus" hebt die anonyme Zersplitterung auf, versöhnt Individuum und Gesellschaft.

Bonhoeffers Zauberformel, in Anlehnung an einen Satz von Hegel, heißt: *Kirche ist Christus als Gemeinde existierend.* Charakteristisch für das soziale Gebilde, das sich Kirche nennt, ist das Miteinander und Füreinander. Stellvertretung, wie die Theologen sagen.

Dieses Grundmotiv wird Bonhoeffer nie mehr loslassen. In seiner Christologie-Vorlesung, die wir nur in Form von Hörernachschriften kennen, wendet er sich 1933 gegen die traditionelle Methode, dem Geheimnis Christi durch die Klärung des Verhältnisses von göttlicher und menschlicher Natur beizukommen. Nicht *wie* Christus sei, müsse gefragt werden, sondern *wer* er sei und wo man ihn erfahren könne. Bonhoeffers Antwort: Als lebendiger Herr begegne Christus uns hier und heute im Wort, im Sakrament und in der Gemeinde. „Die Gemeinde zwischen Himmelfahrt und Wiederkunft ist seine Gestalt, und zwar die einzige."

Daraus ergibt sich, für manchen Bonhoeffer-Fan vielleicht überraschend, die klare Ablehnung einer herumvagabundierenden Religiosität: Nur im Raum der Kirche könne exakt nach Christus gefragt werden, hat er in der genannten Vorlesung festgestellt. „Dort, wo nach Gott gefragt wird, weil man schon weiß, wer er ist. Es gibt kein allgemeines blindes Drauflossuchen nach Gott. Hier kann man nur suchen, was bereits gefunden ist. ‚Du würdest mich nicht suchen, wenn du mich nicht schon gefunden hättest' (Pascal)."

Er hat die Kirche keineswegs unkritisch mystifiziert. Gerade weil die Kirche Christus gegenwärtig macht und personifiziert, muß sie sich ständig an ihm messen und von ihm kritisieren lassen. Aber er liebt sie in all ihrer Unvollkommenheit und Schwäche. In seiner Doktorarbeit listet er die „vorwitzigen Versuche" auf, die man zur Reinigung der Kirche unternommen habe, von den frühchristlichen Sekten über die Wiedertäufer bis zur sozialistischen Reich-Gottes-Erwartung von Saint-Simon; „überall der Versuch, nun endlich das Reich Gottes nicht mehr im Glauben, sondern im Schauen gegenwärtig zu haben, nicht verhüllt in den Absonderlichkeiten einer christlichen Kirche, sondern sich deutlich manifestierend in Moralität und Heiligkeit der Personen, in idealer Regelung aller geschichtlichen und gesellschaftlichen Probleme".

All diesen Puristen fehle freilich der Sinn dafür, „daß Gottes Offenbarung wirklich in der Geschichte, d. h. in der Verhüllung vor sich geht, daß diese Welt eine Welt der Sünde und des Todes bleibt, d. h. aber auch der Geschichte, und daß diese Geschichte selbst heilig wird dadurch, daß Gott sie machte und in sie einging (...) Die Kirche soll das Unkraut auf ihrem Acker wachsen lassen, denn woher soll sie den Maßstab der Erkenntnis nehmen für das, was Unkraut ist? So wird sie mit Liebe vielleicht manch keimendes Leben pflegen, das ihr später verderblich wird, aber sie wird nie verdammen und richten, sondern sich der Grenzen ihrer Geschichtlichkeit bewußt bleiben."

Bonhoeffers Erstlingswerk, erst nach etlichen Verwicklungen gedruckt, schlecht verkauft und in der Fachwelt kaum zur Kenntnis genommen, stellt eine hochinteressante – und damals völlig neuartige – Verbindung von Theologie, Sozialphilosophie und Soziologie dar. Natürlich ist er nicht bei *Sanctorum Communio* stehengeblieben. Hier bildet die Kirche noch den Modellfall einer künftigen konservativen Gesellschaft; in den folgenden Jahren wird er ihr zunehmend die Rolle eines kritischen Korrektivs zuweisen. Ein Christus, der zwar als „Sache der Kirche beziehungsweise der Kirchlichkeit einer Gruppe von Menschen" erscheint, aber „nicht des Lebens" (Bonhoeffer bei einem Vortrag in Barcelona 1928), wird ihm nicht mehr genügen. Wer die Religion nur das „sogenannte gute Zimmer" für die Seele spielen lasse und Christus lediglich „eine Provinz unseres geistigen Lebens" einräume, der verstehe ihn nicht.

In *Sanctorum Communio* identifiziert er die Kirche mit Christus; später wird er erheblich stärker betonen, daß die Kirche von Christus gefordert, kritisiert und gerichtet wird. In dem Vortrag von 1928 lautet die Pointe: „Das Christentum birgt in sich einen kirchenfeindlichen Keim." Noch deutlicher seine Vorlesung über das Wesen der Kirche vier Jahre später in Berlin: Kirche „will nicht Gemeinde der Heiligen zur Darstellung bringen (...) Verzicht auf Reinheit, zurück zur Solidarität mit der sündigen Welt! (...) Als Geheimnis muß die Kirche es ertragen, daß Gott über ihr sein Nein spricht." Je stärker er sich in der Verteidigung der bedrohten Menschenwürde engagiert und je massiver er die Feigheit kirchlicher Repräsentanten und Institutionen kritisiert, desto weniger wird er die Gegenwart Christi auf die Kirche beschränken. Die ganze irdische Realität ist nun der Ort, wo Gott Mensch wird.

„Mutige Jungens" für das Heer Christi

Mit einer Doktorarbeit beginnt man normalerweise, wenn das Studium abgeschlossen und die Prüfung absolviert ist. Bonhoeffer schrieb seine Dissertation so nebenher während der letzten Semester. Probleme scheint ihm das nicht bereitet zu haben. „Wenn er konzentriert schrieb", bescheinigt ihm sein Freund Eberhard Bethge, „schaffte er in drei Stunden, wozu wir drei Wochen gebrauchten".

Vielleicht lag es einfach an der geistigen Freiheit, die er sich nahm. Der Professorensohn hält sich nicht lange damit auf, die Lehrsätze der Berliner Autoritäten nachzubeten. Nicht immer frei von der Arroganz des Überfliegers, setzt er seinen eigenen Kopf ein. „Was mich an Bonhoeffer leidenschaftlich anzog", erinnert sich ein Mitstudent, „war die Wahrnehmung, daß hier einer nicht nur lernte und die verba und scripta irgendwelcher magistri in sich aufnahm, sondern daß hier einer selbständig dachte und schon wußte, was er wollte (...)"

Schwankend zwischen Kanzel und Katheder, erwirbt er sich erste praktische Erfahrungen in der Arbeit mit Kindergruppen. Mit Feuereifer bereitet er Gottesdienste vor, organisiert Ausflüge und phantasievolle Spiele, lädt die Rasselbande in sein gastliches Elternhaus ein. Gar nicht ungeschickt, wie er die Kleinen zu fesseln versteht. In einer erhaltenen Katechese über Jesu Verhältnis zu seinen Jüngern fragt er nach den großen Heeren des Weltkriegs und schlägt den Bogen zu den Aposteln: „Zuerst war das Heer ganz klein, ein Hauptmann war's und ungefähr zwölf Mannen und denkt nur, das waren nicht etwa Ritter, sondern Fischer und arme heruntergekommene Leute, diese Mannen; allmählich wuchs das kleine Heer ein wenig an, aber als es noch gar nicht sehr groß war, da wurde der Hauptmann als Revolutionär und Ruhestörer gefangengenommen (...)"

„Feige und schlechte Kerle" könne dieses Heer nicht brauchen, die würden ihren Führer Christus nur blamieren. Nein, ruhig und bequem gehe es hier nicht zu, dafür sorge schon die Stimme des Gewissens. „Wenn man in der Schule so gern was recht Schlechtes machen möchte mit all den Kameraden, und du weißt doch ganz genau, da sieht noch ein anderer zu und der will's nicht haben, dann brennt einem da drinnen, daß man bald zerspringen möchte vor Glut, Begierde und Gewissen. (...) Jungens, keiner darf mir sagen ‚ich habe kein solches Gewissen', ‚mich hat Gott noch nie gerufen'. Horcht nur in euch hinein, ganz aufmerksam (...) Ach Jungens, und da wollen wir nicht noch einmal sagen: ‚nur noch einen Augenblick', sondern zeigen wollen wir, daß wir mutige und starke Jungens sind und wollen eintreten in das Heer Jesu als seine tapferen Soldaten, und ein tapferer Soldat in diesem Heer ist mehr als der tapferste im Heere Napoleons. Und wenn einer den Kopf hängen lassen will, weil die Mutter krank ist oder gar weil er sitzengeblieben ist, der soll sich wieder zurechtfinden in seine Arbeit. Jesus sieht ungern Kopfhänger, er will mutige Soldaten."

Der junge Theologe hat diese Arbeit sehr ernst genommen. Einen älteren Kommilitonen, der mittlerweile schon Pfarrer ist, bedrängt er brieflich mit zahllosen Fragen: Soll man mit Kindern über alles sprechen? Darf man sich um Erfolg bemühen (den hatte Dietrich zweifellos), oder soll man im pädagogischen Interesse Distanz wahren? Wie erzählt man den Kindern biblische Geschichten? Darf eine Kinderpredigt gefühlvoll enden?

Später gibt es bei den Bonhoeffers jeden Donnerstag einen Lese- und Diskussionsabend für Gymnasiasten. Die jungen Leute halten kleine Referate, gehen mit Dietrich in die Oper und ins Konzert. Es sind gebildete, kritische Jungen aus den bürgerlichen Häusern, darunter etliche Juden.

Dennoch spricht einiges dafür, daß der Entschluß, das vorgeschriebene Vikariatsjahr im Ausland zu absolvieren, eine

Flucht darstellte. Es machte ihm angst, wie sich die Kinder in seine Gruppe drängten. Die Examenspredigt war schiefgegangen; der Kandidat Bonhoeffer solle sich vor „erzwungenen und gesuchten Gedankengängen" hüten und „fleißig Musterpredigten studieren", schrieben ihm die Prüfer ins Zeugnis. Vielleicht wollte er auch einmal heraus aus der akademischen Welt mit ihren oft künstlichen Problemen und intensiv die seelsorgliche Praxis kennenlernen. Im Februar 1928 finden wir ihn jedenfalls in der deutschen Auslandsgemeinde der spanischen Hafenstadt Barcelona.

Es ist ein sehr bürgerliches Christentum, auf das er dort bei den Kaufleuten stößt, eine Glaubensfassade, die für die seelische Stabilität hilfreich sein mag und irgendwie mit einem anständigen Leben zu tun hat, aber nicht gerade leidenschaftliche Fragen nach dem letzten Sinn provoziert. „Diese Leute stehen der Kirche wohl ebenso positiv gegenüber wie dem Sport oder wie der Deutschnationalen Partei, nur weniger aktiv", schreibt er sarkastisch an die Großmutter nach Berlin. Der Pfarrer, dem er helfen soll, tut seine Arbeit mit müder Gleichgültigkeit, das Engagement des Jüngeren verunsichert ihn, aber als er merkt, daß ihn Bonhoeffer respektiert, läßt er ihn gewähren. „Wir haben uns das ganze Jahr hindurch nie über eine theologische, geschweige religiöse Frage unterhalten", wird Bonhoeffer am Ende seines Spanienaufenthalts ernüchtert feststellen. „Wir blieben uns im Grunde fremd, aber hatten uns gegenseitig gern."

Der junge Vikar beobachtet entsetzt, wie wenig die mörderische Kluft zwischen Reichtum und Elend die Christen in seiner Gemeinde stört. Die Kaufmannssöhne, denen er Religionsunterricht erteilen soll, „wohnen schön und bequem", werden selbstverständlich einmal das Geschäft des Vaters übernehmen und haben vom drohenden Bürgerkrieg und von sozialen Problemen keine Ahnung.

Fast sehnt er sich aus dieser hohlen heilen Welt nach den kleinen Huren und Zuhältern vom Montmartre zurück, die er – als er auf der Spanienreise mehrere Tage in Paris Station machte – in der Kirche Sacré-Cœur erlebt hat: Wie selbstverständlich sie sich den Zeremonien des Hochamts beugten, erschien ihm echt und überzeugender als die frommen Pflichtübungen der feinen Gesellschaft von Barcelona. „Ich kann mir einen betenden Mörder, eine betende Dirne viel eher vorstellen als einen eitlen Menschen im Gebet", vertraute er damals seinem Tagebuch an.

Doch langsam beginnt er zu begreifen, daß gerade im Fehlen der existentiellen Fragen die Herausforderung liegt. Erste Konturen eines „religionslosen Christentums", wie er es später nennen wird, deuten sich an. Man müsse nun wohl „das ganze Erarbeitete von Neuem durchprüfen", schreibt er einem seiner akademischen Lehrer nach Hause. In seinem bereits erwähnten Vortrag sinnt er hartnäckig darüber nach, warum sich Jesus mit Vorliebe den Kindern und den von der Gesellschaft Geächteten zugewandt habe, und er nennt es einen gefährlichen Irrtum, „daß wir nur auf unsere Christlichkeit und Kirchlichkeit einen Anspruch an Gott begründen wollen".

Ein andermal erzählte er seinen Zuhörern in Barcelona die antike Sage vom Riesen Antäus, „der stärker als alle Männer der Erde war; keiner konnte ihn bezwingen, bis einmal einer im Kampfe ihn vom Erdboden aufhob, da verlor der Riese die Kraft, die ihm nur aus der Berührung mit der Erde zugeflossen war". Bonhoeffers Schlußfolgerung: „Der Mensch, der die Erde verlassen will, der heraus will aus der Not der Gegenwart, der verliert die Kraft, die ihn durch ewige geheimnisvolle Kräfte immer noch hält. Die Erde bleibt unsere Mutter, wie Gott unser Vater bleibt, und nur wer der Mutter treu bleibt, den wird sie dem Vater in die Arme legen."

Warum politisches Desinteresse „frivol" ist

Die akademische Welt betritt er dann wieder als Assistent an der Berliner Universität. Er habilitiert sich mit einem komplizierten philosophischen Thema, das er jedoch wieder ganz bewußt auf die Wirklichkeit der Kirche bezieht. *Akt und Sein* heißt die Schrift, die den Stellenwert von Transzendentalphilosophie und Ontologie in der systematischen Theologie klären will und natürlich wieder binnen eines Jahres fertig vorliegt. Der Vierundzwanzigjährige liefert erneut eine Synthese scheinbar unversöhnlicher aktueller Positionen: Offenbarung ist für ihn „Akt und Sein" zugleich, Akt des sich dem Menschen zuwendenden Gottes und des sich zum Glauben entschließenden Menschen, stets neu und riskant, und gleichzeitig ist sie Sein, eine feste Größe, hat sie sich ein für allemal ereignet, ist sie bewahrt in der Kirche.

Die Kirche ist der Schnittpunkt, an dem sich Akt und Sein begegnen, an dem der ferne Gott in die menschliche Geschichte eintritt. „Offenbarung also geschieht in der Gemeinde", lautet die zentrale These. „Gott *ist* da, d. h. nicht in ewiger Nichtgegenständlichkeit, sondern – mit aller Vorläufigkeit ausgedrückt – habbar, faßbar in seinem Wort in der Kirche."

Ein wenig war die frühe Habilitation auch eine Verlegenheitslösung. Denn Bonhoeffer schwankte immer noch zwischen Seelsorgspraxis und akademischer Laufbahn. Hätte er sich gleich nach dem Examen für die Gemeindearbeit entschieden, wäre er um das Predigerseminar nicht herumgekommen, dessen strenges Reglement (die Kandidaten besaßen nicht einmal einen Hausschlüssel) und engen Geist er fürchtete. Mit der Habilitation konnte er den endgültigen Entschluß hinausschieben; und sollte er später aus der Hochschule in die Gemeindepraxis wechseln, ließ sich das ungeliebte Seminar vielleicht vermeiden.

Bonhoeffer ist damals ziemlich einsam gewesen, er baute einen Schutzpanzer um sich auf, war freundlich und höflich, ließ aber niemanden zu nah an sich heran. Sport, die flirrende Kultur der Metropole interessierten ihn kaum mehr. Er sei seiner selbst überdrüssig gewesen, stellte er später einmal lakonisch fest: „Ein wahnsinniger Ehrgeiz, den manche an mir gemerkt haben, machte mir das Leben schwer und entzog mir die Liebe und das Vertrauen meiner Mitmenschen. Damals war ich furchtbar allein und mir selbst überlassen."

Doch eigenartig, ausgerechnet in dieser Zeit trüber Selbstverkapselung beginnt sich Dietrich für die bis dahin eher verachtete Tagespolitik zu interessieren. Ebenso nüchtern, wie er die Versuchung zur arroganten Distanz konstatiert, nimmt er den Kampf dagegen auf. Später wird er sich seiner Gleichgültigkeit gegenüber politischen Entwicklungen, die viele Menschen ins Elend stürzen, schämen und in einem Brief gestehen, das sei „eigentlich frivol" gewesen.

Die Zeichen standen auf Sturm: Im Juli 1930, als sich Bonhoeffer habilitierte und das zweite theologische Examen ablegte, löste Hindenburg den Reichstag auf, weil die Notverordnungen, mit denen Kanzler Brüning die kranke Wirtschaft hatte sanieren wollen, wiederholt abgelehnt worden waren. Die Folge: Die Nationalsozialisten steigerten ihre Reichstagssitze von zwölf auf 107 und marschierten geschlossen in brauner Uniform in das Parlamentsgebäude.

Dietrich protestierte auf seine Weise. Er schloß Freundschaft – die erste intensive seit Jahren – mit dem Theologen Franz Hildebrandt, der als Sohn einer Jüdin, das war vorauszusehen, bald zu den Ausgestoßenen gehören würde. Und er pilgerte zum Gottesdienst nach Moabit, wenn dort Pfarrer Günther Dehn predigte. Dehn gab als erklärter Pazifist und religiöser Sozialist eine hervorragende Zielscheibe für die rechte Hetzpresse ab; seine Kirchenleitung, weit davon entfernt, ihn zu schützen, fand Dehns Engagement lästig und peinlich. Als er bei einer Heldengedenkfeier davor warnte, die Trauer um die Gefallenen in eine Verherrlichung des Krieges umzumünzen, und eine deutlichere Akzentuierung der biblischen Friedensbotschaft in der kirchlichen Verkündigung forderte, warf man ihm wütend vor, die toten Soldaten beschimpft zu haben.

1931 wurde Dehn auf einen Lehrstuhl nach Halle berufen, wo die braunen Studenten alsbald gegen ihn Front machten. Daß Dehn das Recht, Krieg zu führen, in Frage stellte und laut über einen „Verzicht auf das Recht der Selbstbehauptung" nachdachte, schien ihnen der schlimmste Verrat am Vaterland. Gegen etliche Theologenkollegen, die von jeder kirchlichen Äußerung zu Krieg und Frieden nationale Linientreue einforderten, legte Bonhoeffer in einer Eingabe an die Kirchenleitung damals ein leidenschaftliches Bekenntnis zur Freiheit der Verkündigung ab.

Da war er von seinem New Yorker Studienjahr bereits wieder nach Berlin zurückgekehrt. Die Zeit als Stipendiat dort am *Union Theological Seminary* muß ihn stärker geprägt haben als alle anderen Eindrücke seiner vielfältigen Ausbildung. Er erlebte bestürzt die Auswirkungen des Rassismus im schwarzen Getto Harlem, begeisterte sich für die pazifistischen Strömungen unter Amerikas Christen und stellte die althergebrachte Trennung zwischen Glauben und Politik zunehmend in Frage.

Die lockere Atmosphäre im College, der legere Umgangston zwischen Professoren und Studenten verunsichert den an Formen gewöhnten Berliner anfangs ebenso wie die ganz andere Art, Theologie zu treiben: Die Studenten hätten von den simpelsten dogmatischen und religionsphilosophischen Fragestellungen keine Ahnung, schreibt er nach Hause. „Es wird das Blaue vom Himmel heruntergeschwatzt ohne die geringste sachliche Begründung und ohne daß irgendwelche Kriterien sichtbar werden. (...) Man berauscht [sich] an liberalen und humanistischen Redensarten, belächelt die Fundamentalisten und ist ihnen im Grund nicht einmal gewachsen. (...) Es geht mir oft innerlich durch und durch, wenn man hier im Kolleg Christus erledigt und unverfroren lacht, wenn ein Zitat von Luther über Sündenbewußtsein gegeben wird. (...) Die Predigt ist herabgewürdigt zu kirchlichen Randbemerkungen zu Zeitereignissen."

Doch je länger er in New York weilt, desto mehr weiß er den ungewohnten Ansatz bei Alltagserfahrungen und die unbefangene Konfrontation des Evangeliums mit der sozialen Wirklichkeit zu schätzen. Er freundet sich mit einem schwarzen Studenten an, der ihn in die South Bronx mit ihren trostlosen Straßenschluchten und Hinterhöfen mitnimmt und in die Kirchen von Harlem, wo die Schwarzen sonntags trotzig vom neuen Jerusalem singen. Beschämt entdeckt er einen Ernst im Umgang mit der Bibel, den er bisher nicht gekannt hat, und eine explosive Hoffnung, die von Christus tatsächlich die Veränderung der Welt und die schmerzlich vermißte Freiheit erwartet. Er geht in die Häuser der Schwarzen, hält Bibelstunden mit den Frauen und „Sonntagsschule" mit den Jugendlichen. Er beginnt Romane von Farbigen zu lesen und staunt über die „produktive Kraft und Wärme", die er hier findet.

Zu Weihnachten 1930 taucht er plötzlich in Havanna auf; Bekannte sind dort an der Schule der deutschen Kolonie tätig. Bonhoeffer hält auf Kuba Religionsstunden – und eine Weihnachtspredigt, die den Umbruch in seinem Denken klar erkennen läßt: Es müsse einem wunderlich vorkommen, die Geburt des Retters zu feiern, „die Scharen der Arbeitslosen vor unseren Augen, die Millionen Kinder in aller Welt in Jammer, die Hungernden in China, die Unterdrückten in Indien und in unseren unseligen Ländern (...) Wer wollte, wenn er das bedacht, noch ahnungslos und unbefangen ins gelobte Land eingehen?"

Reiselustig ist Bonhoeffer immer schon gewesen. Am Ende seiner Romreise hat er Sizilien erkundet und ist mit einem Kommilitonen für zehn Tage nach Afrika hinübergefahren, einfach so. Als der Studienaufenthalt in Amerika zu Ende geht, mietet er sich zusammen mit einem Freund ein altersschwaches Auto und tourt bis nach Mexiko. Gern wäre er nach Indien gefahren, um die Religiosität Asiens kennenzulernen und Gandhis Ideen vor Ort zu studieren. Manchmal scheine es ihm, „als ob in dem dortigen ‚Heidentum' vielleicht mehr Christliches steckt als in unserer ganzen Reichskirche", schreibt er seiner Großmama. Und seinem Bruder Karl-Friedrich: Im Westen werde das Christentum ohnehin absterben, jedenfalls in seiner bisherigen Gestalt. Aber trotz wiederholter Anläufe (1934 wird ihm Gandhi eine persönliche Einladung schicken) kommt die Reise nie zustande.

„Die Liebe zu meinem Volk wird den Mord heiligen"

Zurückgekehrt an die Berliner Uni, wo er jetzt als Privatdozent Vorlesungen hält und Seminare leitet, sucht er seine Studenten zu überzeugen, daß der Krieg zu ächten sei – eine unerhörte Botschaft zu einer Zeit, als sich die Nazis immer mehr auch an den Hochschulen breitmachen. Die alten „Gott mit uns"-Parolen aus dem Ersten Weltkrieg gehen den evangelischen Kirchenführern zwar nicht mehr so leicht über die Lippen, aber die tapfere Pflichterfüllung an der Front gilt nach wie vor als Selbstverständlichkeit, der Zweifel am Sinn militärischer Konfliktbewältigung als ehrlos. Auch konservativen Kirchenleuten wird zwar im Lauf der Jahre immer klarer, wie wenig sich Hitlers Rüstungswahn und Kriegstreiberei mit christlicher Ethik vereinbaren lassen, aber vor offenem Widerstand scheuen die meisten zurück. Wer will sich schon einen vaterlandslosen Gesellen schimpfen lassen?

Auch Bonhoeffer steckt in diesem Zwiespalt. Er kommt aus einer zwar sehr frei und kritisch denkenden, aber staatstreuen Familie. In ihrer geistigen Tradition ist die Möglichkeit nicht vorgesehen, daß Regierungsmacht und politische Elite, militärische Führung, kulturelle Intelligenz und Kirchenleitung allesamt in einer so wichtigen Frage völlig in die Irre gehen können. Mag sein, daß die schönen Ideale des Evangeliums dagegen sprechen, mag sein, daß die Möglichkeiten des modernen Massenvernichtungskriegs ganz neue Voraussetzungen schaffen: Jahrtausendelang hat man Kriege geführt, um politische Ziele zu erreichen, warum sollte es plötzlich anders sein? Pazifisten haben es deshalb so schwer, weil sie an Naturgesetzen zu rütteln scheinen.

Als der 23jährige Vikar im Februar 1929 vor seiner Gemeinde in Barcelona über *Grundfragen einer christlichen Ethik* referierte, bewies er bereits den Mut, diese Naturgesetze zu hinterfragen – um dann freilich wieder in die gewohnten Bahnen einzuschwenken: Der Krieg führe den Christen in ein grausames Dilemma, erläuterte Bonhoeffer. Das bisher alle seine Entscheidungen so klar bestimmende Liebesgebot erscheine plötzlich aufgespalten in das Verbot, den Feind zu töten, und die Pflicht, den Bruder, die Mutter zu schützen. Was tun? Bonhoeffers erster Antwortversuch klingt hilflos, verzweifelt, aber grundehrlich: „Stehe ich einmal mitten drin in der Not der Entscheidung, daß ich entweder meinen leiblichen Bruder, meine leibliche Mutter der Hand des Angreifers aussetze oder aber selbst die Hand erheben muß gegen den Feind, dann wird mir der Augenblick gewiß sagen, wer von den beiden mein Nächster, auch vor Gottes Augen, ist und sein muß."

Hat er Angst vor der eigenen Courage bekommen oder es unbefriedigend gefunden, das Gewissen des Soldaten einer

Eingebung des „Augenblicks" auszuliefern? Jedenfalls schob Bonhoeffer sofort das gängige Argument der sogenannten Volkstumstheologie nach: „Gott hat mich meiner Mutter, meinem Volk gegeben; was ich habe, danke ich diesem Volk; was ich bin, bin ich durch mein Volk; so soll auch, was ich habe, ihm wieder gehören, das ist so göttliche Ordnung, denn Gott schuf die Völker." Unversehens tritt die „Schöpfungsordnung des Volkes", wie das bei den Neulutheranern hieß, in den Vordergrund und setzt die unbedingte Gültigkeit des Liebesgebots außer Kraft. Der Soldat erhebe die Waffe „in der furchtbaren Erkenntnis, etwas Entsetzliches zu tun, aber doch nicht anders zu können; (...) die Liebe zu meinem Volk wird den Mord, wird den Krieg heiligen".

Bonhoeffer mahnte zwar, ein christlicher Soldat dürfe seinen Feind niemals hassen, denn diese befinde sich in derselben Gewissensnot und habe ebenfalls seine Mutter, seine Kinder, sein Volk zu schützen. Im selben Atemzug spann er die „Volkstumstheologie" aber zu gefährlichen Konsequenzen weiter: Im „Wachsen und Werden" eines jungen, starken Volkes lasse sich Gottes Ruf vernehmen, die eigene Geschichte zu gestalten und „ins Leben der Völker ringend mit einzutreten". Was sich problemlos als fromme Rechtfertigung eines Angriffskriegs interpretieren ließ. Hitler selbst, der so gekonnt von der „Vorsehung" schwadronierte, hätte es nicht besser sagen können.

Doch es dauerte nur anderthalb Jahre, da waren von Bonhoeffer völlig andere Töne zu hören. Im November 1930 predigte er in der Memorial Methodist Church in New York zum *Armistice Day*, der an den Waffenstillstand von 1918 erinnert – ein heikles Datum, an dem nationale Emotionen freie Bahn haben. Bonhoeffer bewertete den in der Erinnerung noch sehr lebendigen Ersten Weltkrieg als Gericht Gottes über die Welt und besonders über das deutsche Volk, das zwar keine Alleinschuld am Krieg trage, aber durch „Selbstgefälligkeit" und „Glauben an die eigene Allmacht" gesündigt habe. Aufgabe der Kirche sei es, die friedliche Entwicklung zwischen den Völkern zu fördern und allen Christen das Bewußtsein einzuhämmern, daß sie „ein großes Volk" bildeten, „zusammengesetzt aus den Menschen jedes Landes", eine geschwisterliche Gemeinschaft, in der es keinen Haß und keine Feindschaft geben dürfe, keinen Nationalismus und keinen Rassenwahn. Bonhoeffer: „Es darf nie mehr geschehen, daß ein christliches Volk gegen ein christliches Volk kämpft, Bruder gegen Bruder, da beide einen gemeinsamen Vater haben."

Im *Union Theological Seminary* hatte Bonhoeffer einen jungen französischen Pfarrer als Freund gewonnen, Jean Lasserre, der wenig von der Erbfeindschaft zwischen ihren beiden Völkern hielt und noch weniger vom aufgeblasenen Kult der *Grande Nation* im eigenen Land: Entweder, so Lasserre, glaube man an die alle Grenzen sprengende Gemeinschaft der Heiligen oder an die „Sendung Frankreichs", das eine schließe das andere aus.

„Dem Christen ist jeglicher Kriegsdienst verboten"

Nun kam Bonhoeffer in seine von Rachebedürfnissen und Revanchegelüsten, kollektiven Minderwertigkeitsgefühlen und patriotischer Prahlerei aufgepeitschte Heimat zurück. Er mischte sich sogleich mit grimmiger Leidenschaft in den Zwist um seinen „roten" Freund Günther Dehn ein. Im Februar 1932 stellte er vor Berliner Studenten bohrende Fragen an die auf ihre Stärke und ihre Ausbreitungsbedürfnisse pochende Nation (*Volk ohne Raum* hieß ein 1926 erschienener Bestseller): „Hast du ein Recht", fragte Bonhoeffer, „als ein junges, starkes Volk das alte mit Gewalt zu überrennen, hinabzustoßen? Hast du ein Recht, deine Grenzen zu dehnen, wenn deine Volksgenossen in der Enge des Innern ersticken? Hast du ein Recht, die blühende Kultur des nachbarlichen Landes zu vernichten um deinetwillen?"

Schon eine solche Fragestellung mußte den an der Hochschule tonangebenden Chauvinisten als Hochverrat erscheinen. Bonhoeffer besaß jedoch auch noch die Unverschämtheit, den Deutschen die Lehre eines asiatischen Wilden namens Gandhi als Modell zu empfehlen: „Du sollst kein Leben vernichten, leiden ist besser, denn mit Gewalt leben." Denn ein Recht zum Leben – hier treffe sich das „reife europäische Denken" mit dem Inder Gandhi – gebe es nur in der Verantwortung für den Menschenbruder.

Wenige Monate später bezog Bonhoeffer bei einem ökumenischen Gesprächsabend endgültig klipp und klar Position: Im Vertrauen, Gott werde schon verzeihen, vergesse man den „Schrei des Herrn" und seine klaren Gebote „Du sollst nicht töten" und „Liebet die Feinde". „Wir machen die Gnade billig", entrüstete er sich und stellte unmißverständlich fest: „Dem Christen ist jeglicher Kriegsdienst, jede Vorbereitung zum Krieg verboten. (...) Die Liebe kann unmöglich das Schwert gegen einen Christen richten, weil sie es mit ihm auf Christus richtet."

Auf einer internationalen „Jugendfriedenskonferenz" im tschechischen Ciernohorské Kupele forderte er seine Kirche auf, den Krieg zu ächten und sich nicht vor dem Reizwort „Pazifismus" zu scheuen. Die theologische Begründung ergänzte er nun aber durch jedem vernünftigen Menschen zugängliche Argumente: Der moderne Krieg falle nicht mehr unter den klassischen Kampfbegriff, „weil er die sichere Selbstvernichtung beider Kämpfender ist".

Es ist kaum bekannt, daß Bonhoeffer selbst die Konsequenzen aus dieser Einstellung gezogen hat und entschlossen war, den Wehrdienst zu verweigern. Als er im Juni 1939 nach New York – man kann es nicht anders ausdrücken – floh, da gestand er seinem englischen Freund George Bell: „Der Hauptgrund dafür ist die allgemeine Wehrpflicht, zu der Männer meines Jahrgangs (1906) in diesem Jahr einberufen werden. Es scheint mir mit meinem Gewissen unvereinbar, an einem Krieg unter den gegebenen Umständen teilzunehmen."

Bonhoeffer kehrte freilich bereits im darauffolgenden Monat nach Deutschland zurück; er hatte begriffen, daß er seine Freunde und sein Volk nicht allein lassen konnte. Um dem Dienst mit der Waffe (aber auch dem Soldateneid auf Hitler) zu entgehen, stellte er gleich nach Kriegsbeginn den Antrag, als Wehrmachtspfarrer arbeiten zu dürfen. Sein Freund Bethge hatte auf alle mögliche Weise versucht, eine „Unabkömmlichkeitsstellung" in der Heimat zu erhalten; als das mißlang, riet ihm Bonhoeffer, sich der Einberufung „mit Anstand zu fügen".

Bonhoeffers Haltung erscheint seit dem Ausbruch des Krieges zwiespältig. Wie er sich im Fall einer Einberufung tatsächlich verhalten hätte, wissen wir nicht. 1940 wurde er als Mitarbeiter der Abwehr – offiziell im Ausland für den deutschen Geheimdienst spionierend, in Wirklichkeit Kontakte zwischen Widerstandsgruppen und den Alliierten vermittelnd – vom Wehrdienst freigestellt.

„Ich war noch kein Christ geworden“

Bonhoeffers Weg zum Pazifisten hat etwas von einer „Bekehrung" an sich, so hat er es selbst gewertet, 1936, in jenem bereits zitierten Brief an eine Vertraute, in dem er sich fast schon selbstquälerisch vorwirft, aus der Sache Christi einen persönlichen Vorteil gemacht zu haben. Es ist das intimste Bekenntnis, das wir von Dietrich Bonhoeffer besitzen, und verdient deshalb ausführlich wiedergegeben zu werden.

„Ich stürzte mich in die Arbeit in sehr unchristlicher und undemütiger Weise", gesteht er der Berliner Vikarin Elisabeth Zinn. „Ein wahnsinniger Ehrgeiz, den manche an mir gemerkt haben, machte mir das Leben schwer und entzog mir die Liebe und das Vertrauen meiner Mitmenschen. Damals war ich furchtbar allein und mir selbst überlassen. Das war sehr schlimm. Dann kam etwas anderes, etwas, was mein Leben bis heute verändert hat und herumgeworfen hat. Ich kam zum ersten Mal zur Bibel. Das ist auch wieder sehr schlimm zu sagen. Ich hatte schon oft gepredigt, ich hatte schon viel von der Kirche gesehen, darüber geredet und geschrieben – und ich war noch kein Christ geworden, sondern ganz wild und ungebärdig mein eigener Herr. Ich weiß, ich habe damals aus der Sache Jesu Christi einen Vorteil für mich selbst, für eine wahnsinnige Eitelkeit gemacht."

„Ich bitte Gott", es klingt fast wie eine Beschwörung, „daß das nie wieder so kommt. Ich hatte auch nie, oder doch sehr wenig gebetet. Ich war bei aller Verlassenheit ganz froh an mir selbst. Daraus hat mich die Bibel befreit und insbesondere die Bergpredigt. Seitdem ist alles anders geworden. Das habe ich deutlich gespürt und sogar andere Menschen um mich herum.

Das war eine große Befreiung." Er habe gelernt, daß das Leben eines Christen der Kirche und der ihn umgebenden Not gehören müsse, und: „Der christliche Pazifismus, den ich noch kurz vorher (...) leidenschaftlich bekämpft hatte, ging mir auf einmal als Selbstverständlichkeit auf."

Nüchtern und ein scharfer Selbstbeobachter, wie er war, hat er sich keineswegs ein für allemal „gerettet" gefühlt. Ganz im Gegenteil. Es gebe bei ihm „immer noch viel Ungehorsam und Unlauterkeit im Beruf", schrieb er Elisabeth Zinn. „Ich ertappe mich täglich dabei." Aber er finde diesen Beruf „schön" und sei bereit, den Weg durchzugehen. „Vielleicht dauert er gar nicht mehr so lang."

Es existiert ein zweites Bekenntnis ähnlicher Art, ein Brief an den älteren Bruder Karl-Friedrich, den skeptischen Physiker: Anfangs habe er die Theologie eher für eine „akademische Angelegenheit" gehalten, gestand Dietrich dem Bruder 1935. „Es ist nun etwas ganz anderes draus geworden. Aber ich glaube nun endlich zu wissen, wenigstens einmal auf die richtige Spur gekommen zu sein – zum ersten Mal in meinem Leben. Und das macht mich oft sehr glücklich. Ich habe nur immer Angst davor, daß ich aus lauter Angst vor der Meinung anderer Menschen nicht weitergehe, sondern steckenbleibe. Ich glaube zu wissen, daß ich eigentlich erst innerlich klar und wirklich aufrichtig sein würde, wenn ich mit der Bergpredigt wirklich anfinge, Ernst zu machen. Hier sitzt die einzige Kraftquelle, die den ganzen Zauber und Spuk einmal in die Luft sprengen kann (...) Es gibt doch nun einmal Dinge, für die es sich lohnt, kompromißlos einzustehen. Und mir scheint, der Friede und soziale Gerechtigkeit, oder eigentlich Christus, sei so etwas."

Bonhoeffers Glaubwürdigkeit im späteren Kirchenkampf hängt auch damit zusammen, daß er sich diese unerbittlichen Fragen an die eigene Person und an die Christengemeinschaft nicht austreiben ließ. Schon 1931 hatte er bange sinniert, „ob aber unsere Kirche noch eine Katastrophe übersteht, ob es nicht dann endgültig vorüber ist, wenn wir nicht sofort ganz anders werden, ganz anders reden, leben?" Bei einer ökumenischen Jugendkonferenz im schweizerischen Gland gab er dem betroffenen Publikum zu bedenken: „Wir haben unsere eigenen Gedanken lieber als die Gedanken der Bibel. Wir lesen die Bibel nicht mehr ernst, wir lesen sie nicht mehr gegen uns, sondern nur noch für uns!"

Es war dieses radikale Fragen, womit der selbst kaum dem Studentenalter entwachsene Privatdozent Bonhoeffer seine Berliner Hörer beeindruckte. Textprobe aus einer Vorlesungsmitschrift *Die Geschichte der systematischen Theologie des 20. Jahrhunderts* im Wintersemester 1931/32: Man müsse „das Wort ‚Gott' neu buchstabieren, es herausholen aus erbaulichem Vokabular, ganz unselbstverständlich. Man tut so, als habe man das alles sicher, und geht dann zu Nebensachen. (...) Es kann keinen Punkt geben im Menschenleben, wo wir reden könnten von Gott als unserm Besitz. (...) Daß Gott auch Religion richtet, auch über frommes Tun hinweggeht, das ist der Angriff auf den ganzen Menschen. (...) Gott [ist] der jeweils Kommende, das ist seine Transzendenz. Man kann ihn nur haben, wenn man ihn erwartet."

Bonhoeffer ist ein ausgesprochen unkonventioneller Hochschullehrer gewesen. Seine oft erregenden, provokanten Thesen trug er ruhig, ja kühl vor, emotionslos. Der Inhalt sollte wirken, nicht die Rhetorik. Er lud seine Studenten zu offenen Ausspracheabenden ein und machte mit ihnen Ausflüge. In irgendeiner Jugendherberge hielt er dann eine Morgenandacht oder spielte ihnen seine aus Amerika mitgebrachten Platten mit Spirituals vor.

So nebenher avancierte der Fünfundzwanzigjährige auch noch zum Studentenpfarrer an der Technischen Universität in Berlin-Charlottenburg (er mußte die Seelsorgsarbeit aus dem Nichts aufbauen und hatte wenig Erfolg damit), zum Hilfsprediger an der Kaiser-Wilhelm-Gedächtnis-Kirche – und zum Vertreter Deutschlands auf der Konferenz des *Weltbundes für Freundschaftsarbeit der Kirchen* in Cambridge 1931. Das war eine der ersten Organisationen der zaghaft wachsenden ökumenischen Bewegung, keineswegs ein Funktionärsverein, sondern mit aktiven Ortsgruppen in vielen Gemeinden verankert, und der Weltbund machte Bonhoeffer zum Sekretär für ökumenische Jugendarbeit in Mittel- und Nordeuropa.

Gegen die Konferenz von Cambridge hatten nationalistisch angehauchte Theologieprofessoren daheim in Deutschland wütende Artikel geschrieben. „Solange die Anderen eine für unser Volk mörderische Politik gegen uns treiben", hieß es da, sei eine Verständigung unmöglich, und wer einen „künstlichen Schein der Gemeinschaft" zwischen den Deutschen und den Siegermächten des Ersten Weltkriegs konstruiere, „der verleugnet das deutsche Schicksal und verwirrt die Gewissen".

Bonhoeffer ärgerte sich über solchen „Unsinn", ohne sich in seiner Arbeit irremachen zu lassen. Er reiste von Tagung zu Tagung durch halb Europa und war bald bekannt für seine Abneigung gegen griffige Resolutionen, denen keine gründliche theologische Arbeit vorausging. Ohne eine solche neue Theologie gebe es nämlich keine Änderung des kirchlichen Selbstverständnisses, sondern allenfalls eine rein zweckbestimmte Organisation.

„Verständigung gibt es im großen und echten Sinne nur durch gegenwartsvolle Verkündigung und Theologie", warnte er auf der Jugendfriedenskonferenz im tschechischen Ciernohorské Kupele. „Die Gefahr ist so unendlich groß, daß wir auf den internationalen Tagungen gut Freund miteinander werden, *good fellowship* finden – und sonst nichts (...) Uns geht es um etwas anderes, um eine neue Erkenntnis und einen neuen Willen. Und wo nicht jede Tagung mit vollstem Ernst unter dieses Ziel gerückt ist, ist sie verlorene und verschwatzte Zeit (...) Die Kirche, die im Weltbund zusammenkommt, spricht zur Christenheit, daß sie ihr Wort als Gottes Gebot höre (...) Sie spricht aber auch zur Welt, daß sie die Zustände ändere."

Ausgerechnet Bonhoeffer, der Professorensohn aus dem Großbürgertum, bekam zu dieser Zeit auch noch eine Konfirmandenklasse am Prenzlauer Berg aufgehalst, dem Proletarierbezirk, wo man Thälmann statt Hitler und Hindenburg wählte. Aber es war eine der schönsten Aufgaben, die er jemals zu übernehmen hatte. Er erzählte den aggressiven Jungen, die ihn brüllend begrüßten und anfangs schon mal mit Dreck bewarfen, Geschichten aus Harlem und der Bibel, lernte mit ihnen Englisch, fuhr mit der lärmenden Horde aufs Land, kaufte den Jungs Stoff für den Konfirmationsanzug, ließ ungerührt Uni-Seminare für die Gruppenstunden ausfallen und mietete sich bei einem Bäckermeister am Prenzlauer Berg ein Zimmer. Glücklich machte es ihn, daß die an starke proletarische Organisationen gewöhnten Jugendlichen seinen Traum von einer Gemeindekirche genau verstanden – viel besser als die individualistisch erzogenen Bürgerkinder.

2
Berlin, London: Ein Seelsorger entdeckt die politische Brisanz des Evangeliums

„(...) nicht nur die Opfer unter dem Rad zu verbinden, sondern dem Rad selbst in die Speichen zu fallen"

Am Abend des 30. Januar 1933 kam Bonhoeffers Schwager und kommentierte Hitlers am selben Tag erfolgte Machtübernahme mit den Worten: „Das bedeutet Krieg!" Die ganze Familie stimmte vorbehaltlos zu.

Viele von Bonhoeffers Kollegen aus der Pfarrer- und Theologenzunft fielen zu diesem Zeitpunkt auf Hitlers fromme Schwüre herein und waren gern bereit, die Anfänge des braunen Terrors als notwendiges Übel zur Abwehr des Bolschewismus zu verharmlosen. Idyllische Bilder vom Kirchgänger Hitler (nach 1933 ließ er sie aus den Fotobänden eliminieren) und von der Trauung des Berliner Gauleiters und späteren Reichspropagandaministers Goebbels in einer evangelischen Kirche, in Anwesenheit des „Führers" und mit einer Hakenkreuzfahne auf dem Altar, machten die Runde. Als Hitler in seinen öffentlichen Äußerungen immer gemäßigtere Töne anschlug, von einem „positiven Christentum" schwärmte, nationale Solidarität einforderte und den Kirchen geschickt Avancen machte, erschienen die unschönen Begleitumstände der Machtübernahme bloß noch als Betriebsunfall.

Gewiß gab es einen ehrlichen Abscheu gegenüber Wotanskult und Herrenmenschenwahn. Die sogenannten kleinen Leute mit ihrem gesunden Wirklichkeitssinn, engagierte Jugendführer, lebenskluge Dorfpfarrer und sturköpfige Bauersfrauen wehrten sich oft genug von Anfang an erbittert gegen die Allmachtsansprüche von Staat und Polizei, Partei und Ideologie. Auf Sympathien konnten die Nazis merkwürdigerweise eher bei Studenten und Hochschullehrern zählen, bei Ärzten und Juristen, angesehenen Theologen und hohen Kirchenrepräsentanten mit ihrem vermeintlichen akademischen Durchblick.

Wenn die Faschisten vom Führerstaat und von der endlich wiederhergestellten Autorität redeten, über den laxen Liberalismus schimpften und den gottlosen Bolschewisten den Garaus zu machen versprachen, dann fühlten sich konservative Christen ganz zu Hause. Hatten die Marxisten in Mexiko und Spanien nicht blutige Kirchenverfolgungen inszeniert? Wenn dieser Hitler die Roten erledigte und wieder Ordnung im Land schaffte, mußte man ihm das bißchen Judenschlachten und die Kriegshetze dann nicht nach dem Motto „Wo gehobelt wird, fallen Späne" verzeihen? Mußte man nicht eben deshalb mit den Nazis zusammengehen, um die rohen Sturmtruppen allmählich disziplinieren und den genialen Raufbold an ihrer Spitze in einen seriösen Staatsmann verwandeln zu können?

Als am 21. März 1933, zehn Tage vor Hitlers endgültiger Installierung als Diktator, der Reichstag wiedereröffnet wird, hält der Berliner Generalsuperintendent und spätere Bischof Otto Dibelius eine weihevolle, von allen deutschen Rundfunksendern übertragene Rede und erteilt den Terrormethoden der SA-Schläger gegen „Rote" und Pazifisten eine makabre Generalabsolution: „Wenn der Staat seines Amtes waltet", erläutert Dibelius, „gegen die, die die Grundlagen der staatlichen Ordnung untergraben, gegen die vor allem, die mit ätzendem und gemeinem Wort die Ehe zerstören, den Glauben verächtlich machen, den Tod für das Vaterland begeifern, dann walte er seines Amtes in Gottes Namen! (...) Wir haben von Dr. Martin Luther gelernt, daß die Kirche der rechtmäßigen staatlichen Gewalt nicht in den Arm fallen darf, wenn sie tut, wozu sie berufen ist. Auch dann nicht, wenn sie hart und rücksichtslos schaltet." Dibelius' abschließende Mahnung, nach Wiederherstellung der Ordnung müßten „Gerechtigkeit und Liebe wieder walten", haben die meisten Zuhörer wohl überhört.

Leute wie Bonhoeffer ließen sich nicht einlullen, wenn Hitler feierlich erklärte, die Reichsregierung werde das Christentum als „Basis unserer gesamten Moral" in ihren „festen Schutz" nehmen und „in Schule und Erziehung den christlichen Konfessionen den ihnen zukommenden Einfluß einräumen und sicherstellen". Sie wußten, was dieser „feste Schutz" bereits für immer mehr Andersdenkende und „Andersartige" bedeutete, für Gewerkschafter und SPD-Funktionäre, unbeugsame Christen und jüdische Mitbürger: Verhaftung bei Nacht und Nebel, Einkerkerung ohne Gerichtsverfahren, Folter in Gestapo-Kellern, nie aufgeklärte Morde, zumindest aber berufliche Repressalien und wirtschaftliche Vernichtung.

Leute wie Bonhoeffer hatten die Programmschriften der „Bewegung" gelesen, etwa Alfred Rosenbergs *Mythus des 20. Jahrhunderts* mit der Forderung, „das Ideal der Nächstenliebe der Idee der Nationalehre unbedingt zu unterstellen" und die „Sicherung des Volkstums" zum höchsten moralischen Wert zu machen. Schon 1930 – als der *Mythus* in die Buchhandlungen kam – prophezeite Bonhoeffer seiner Großmama in einem melancholischen Geburtstagsbrief, „daß wir eine große völkische Nationalkirche bekommen werden, die das Christentum in seinem Wesen nicht mehr erträgt, und daß wir uns auf völlig neue Wege, die wir dann zu gehen haben werden, gefaßt machen müssen. Die Frage ist wirklich Germanismus oder Christentum, und je bälder der Konflikt offen zutage tritt, desto besser. Die Verschleierung ist am allergefährlichsten."

Leute wie Bonhoeffer wußten von Anfang an, was sie von den Nazis zu erwarten hatten: das Ende aller bürgerlichen Freiheiten in Deutschland und einen erbarmungslosen Kirchenkampf – es sei denn, die Kirche würde sich gleichschalten lassen und eine ungestörte Kultausübung mit dem Verzicht auf ihr prophetisches Wort erkaufen.

Genau das aber durfte nicht sein. Jetzt sei nicht die Stunde zu feiern, sondern zu protestieren, hatte Bonhoeffer bereits am Reformationsfest 1932 bei einem akademischen Gottesdienst erklärt. Wenn der greise Reichspräsident von Hindenburg wirklich unter den Zuhörern gesessen haben soll, wie manche behaupten, wird er sich gewundert haben, wie dieser Grünschnabel von Studentenpfarrer den ehrwürdigen Reformationstag zum „Protest Gottes gegen uns" umfunktionierte. „Laßt dem toten Luther endlich seine Ruhe, und hört das

Evangelium", wetterte Bonhoeffer von der Kanzel herunter. „Gott wird uns am Jüngsten Tage gewiß nicht fragen: Habt ihr repräsentative Reformationsfeste gefeiert?, sondern: Habt ihr mein Wort gehört und bewahrt?"

Störenfriede sind nicht gefragt

Das Predigen bereitete ihm immer noch Schwierigkeiten. Anders als bei seinen Uni-Vorlesungen sprach er oft stockend, schwerfällig. Aber er bemühte sich tapfer und hielt widerborstige Reden, die seine Hörer aufhorchen ließen. Er fragte, „ob wir Christen Kraft genug haben, der Welt zu bezeugen, daß wir keine Träumer und Wolkenwandler sind, (...) daß unser Glaube wirklich nicht das Opium ist, das uns zufrieden sein läßt inmitten einer ungerechten Welt, sondern daß wir, gerade weil wir trachten nach dem, was droben ist, nur um so hartnäckiger und zielbewußter protestieren auf dieser Erde". Und er stellte erschrocken fest, „daß wir, je frömmer wir sind, um so weniger uns sagen lassen, daß Gott gefährlich ist".

„Störung" und „Disharmonie" seien nicht gefragt, konstatierte er am Volkstrauertag 1932. Was ihn nicht hinderte, seiner Kirche die Rolle einer Querdenkerin zuzuweisen: An solchen Tagen stehe sie „wenig stolz", „wenig heldisch", „wenig populär" da. Aber man müsse schon den Mut haben, das Gebot des Friedens mit der Realität des Krieges zu konfrontieren, über die Grenzen des eigenen Volkes hinauszublicken und um das Reich zu beten, das „allen Kriegen ein Ende setzt". In einer anderen Predigt erinnerte er daran, es könnten durchaus wieder Zeiten kommen, in denen von der Kirche „Märtyrerblut gefordert" werde.

Um ein Pfarramt hatte sich der mittlerweile zum kirchlichen Dienst Ordinierte vergeblich beworben. Der Kirchenrat der Gemeinde entschied sich für einen älteren, wohl erheblich volkstümlicheren Pastor. Eine zweite Bewerbung sollte später am „Arierparagraphen" scheitern, den Bonhoeffer nicht akzeptieren wollte. So blieb er der Universität erhalten, wo er sich inmitten der vielen farbentragenden Verbindungsstudenten und der in brauner Uniform auftretenden Nazis freilich zunehmend als Fremdkörper empfand. Seine „Jugendstube" in Charlottenburg, wo sich Christen, Juden, Sozialisten trafen und junge Arbeitslose ein attraktives Freizeitangebot erhielten, hatte unter dem Druck der SA-Schlägertrupps dichtmachen müssen – woraufhin Bonhoeffers empörte Eltern für die verfolgten Kommunisten unter seinen Freunden eine Baracke am Stadtrand finanzierten. Dort fanden sie wenigstens vorübergehend Schutz.

Solche Erfahrungen prägten selbstredend auch die Lehrtätigkeit des Dozenten Bonhoeffer. Statt nur die christologischen Lehrsätze auszulegen und die Entwicklungsgesetze der Dogmengeschichte zu analysieren, fragte er immer intensiver danach, welche konkreten Verpflichtungen die Bindung an Christus mit sich brachte. Statt die Kirche, wie gewohnt, als Insel der Seligen fern der Welt zu schildern, mit dem korrekten Vollzug des Gottesdienstes und einer eher privaten Frömmigkeit beschäftigt, fragte er immer bohrender danach, woher sie ihren Auftrag bezog, wie glaubwürdiges kirchliches Handeln in Konfliktsituationen auszusehen hatte und worin es sich vom Evangelium kritisieren lassen mußte.

Christologie, Ekklesiologie (Lehre von der Kirche), Ethik bestimmten das Themenspektrum seiner Vorlesungen und Seminare in diesen Jahren. Die Titel klangen anspruchsvoll: *Das Wesen der Kirche; Gibt es eine christliche Ethik?; Die Idee der Philosophie und die protestantische Theologie; Dogmatische Übungen: Probleme einer theologischen Anthropologie; Dogmatische Übungen: Religionsphilosophie bei Hegel.* Die großen Zusammenhänge scheinen ihn – und seine Studenten und Studentinnen – interessiert zu haben, die Fundamente theologischen Denkens und Argumentierens, nicht so sehr irgendwelche akademischen Detailprobleme.

Ein Student der Religionsgeschichte – nicht der Theologie – verirrte sich in Bonhoeffers Vorlesung über die biblische Geschichte vom Sündenfall und war von diesem „Mann des Tiefpflügens", wie er ihn nannte, derart begeistert, daß er von da an keine seiner Lehrveranstaltungen ausließ. Bonhoeffer habe „neue Wesentlichkeiten" in den alten Texten entdeckt, „die von Bedeutung waren für Leben und Erkenntnis". In der Tat war es damals ungewöhnlich, einen Schrifttext nicht in der distanzierten Betrachtungsweise der historischen Kritik und sprachlichen Analyse auszulegen, sondern elementar, existentiell.

So wie es Bonhoeffer etwa mit den Anfangsworten der Bibel „Im Anfang schuf Gott Himmel und Erde" tat: „Was heißt es, daß im Anfang Gott ist?" fragte er. „Welcher Gott? Dein Gott, den du dir machst aus der eigenen Not, weil du einen Götzen brauchst, weil du nicht leben magst ohne den Anfang, ohne das Ende, weil dir die Mitte angst macht?" Als bloßes Menschenwort sei diese Botschaft wirklich nichts als die Projektion der eigenen Angst – oder aber es rede hier Gott selbst, der aus freiem Entschluß die Welt ins Sein setzende Gott, der einzige, der dem Menschen die Angst vor dem „anfanglosen Anfang" und dem „endlosen Ende" nehmen könne.

Ein paar Wochen später ging er auf den heute so umstrittenen Auftrag Gottes an den Menschen ein, über die Erde zu „herrschen", allerdings wieder unter einer ziemlich ungewohnten Perspektive: Diese Herrschaft schließe die Bindung an die Kreatur ein, erläuterte er mit dem Bild vom Bauern, der untrennbar an seinen Boden gebunden sei. Zudem habe der Mensch mit seinem Versuch, sich vom Schöpfer allen Lebens zu emanzipieren, längst seine Fähigkeit zum Herrschen verloren: „Wir herrschen nicht, sondern wir werden beherrscht, das Ding, die Welt beherrscht den Menschen, der Mensch ist Gefangener, Sklave der Welt, seine Herrschaft ist Illusion; die Technik ist die Macht, mit der die Erde nach dem Menschen greift und ihn bezwingt. (...) Ohne Gott, ohne den Bruder verliert der Mensch die Erde. (...) Nur wo Gott und der Bruder zum Menschen kommt, kann der Mensch zur Erde zurückfinden."

Wir können jenen anderen Hörer verstehen, der nach Bonhoeffers Schöpfungs-Vorlesung notierte: „Seinen Sätzen folgten wir mit solcher Spannung, daß man die Fliegen summen hörte."

Führer und Verführer

Genau zwei Tage nach Hitlers Machtübernahme hielt Dietrich Bonhoeffer die erste und letzte Rundfunkrede seines Lebens mit dem verfänglichen Titel *Der Führer und der einzelne in der jungen Generation.* Unmißverständlich warnte er darin vor einem „sich selbst vergottenden" Führeramt: Der echte Führer müsse fähig sein, die unreifen, sich nicht stark genug fühlenden Menschen, die sich ihm anvertrauten, über seine Person hinweg zur Anerkennung der „Autorität der Ordnungen" und vor allem zur eigenen Verantwortlichkeit hinzuleiten, statt sich selbst zum „Abgott" zu machen: „Der Führer wird sich dieser klaren Begrenzung seiner Autorität verantwortlich bewußt sein müssen. Versteht er seine Funktion anders, als sie so in der Sache begründet ist, gibt er nicht dem Geführten immer wieder klare Auskunft über die Begrenztheit seiner Aufgabe und über dessen eigene Verantwortung, läßt er sich von dem Geführten dazu hinreißen, dessen Idol darstellen zu wollen (...), dann gleitet das Bild des Führers über in das des Verführers."

Jeder wußte, wie das zu verstehen war, und die entsetzten Redakteure der *Berliner Funkstunde* schalteten diesem Aufrührer kurzerhand das Mikrofon ab.

Beim Semesterschlußgottesdienst wenige Wochen später mußte man ihn freilich zu Ende reden lassen, als er alle menschliche Selbstvergötterung vom einzigen Herrn der Geschichte „gerichtet, verurteilt, durchgestrichen" sah: „Wir haben in der Kirche nur *einen* Altar (...) Wir haben keine Nebenaltäre für Menschenverehrung." Das alles in einer Situation, in der Hessens Evangelische Landeskirche an „Führers Geburtstag" das Hissen der Kirchenfahnen anordnete und der Oberkirchenrat der Altpreußischen Union in seiner Osterbotschaft den „Aufbruch der tiefsten Kräfte unserer Nation zu vaterländischem Bewußtsein, echter Volksgemeinschaft und religiöser Erneuerung" begrüßte. Gott habe durch die politische Wende gesprochen!

Als Bonhoeffer dann im April 1933 vor einem Kreis von Pfarrern die ersten Zwangsmaßnahmen gegen jüdische Mitbürger kritisierte, kündigten ihm bereits etliche Kollegen die Gemeinschaft auf und verließen unter Protest die Versammlung. Hatte er es doch eindeutig als für Christen unannehmbar bezeichnet, eine bestimmte Menschenrasse – nämlich die getauften Juden – aus der Kirche auszusperren, und es auch noch gewagt, seine „selbst immer wieder ihrem Herrn untreue Kirche" vor Überheblichkeit gegenüber dem jüdischen Volk zu warnen!

„Die Kirche kann sich ihr Handeln an ihren Gliedern nicht vom Staate vorschreiben lassen", erklärte Bonhoeffer trotzig. Judentum sei aus kirchlicher Perspektive keine rassische, „biologisch fragwürdige" Größe, sondern ein religiöser Begriff. Eine Trennung von den zu Christen gewordenen Juden müsse zur Kirchenspaltung führen, „weil sie die rassische Einheit der Kirche zum Gesetz erheben würde".

Der früh verstorbene Kirchenhistoriker Klaus Scholder, Spezialist für die konfliktreichen Beziehungen zwischen Protestantismus und Nazi-Staat, bescheinigt dieser Rede: „Hier wurde mit unvergleichlicher Präzision die theologische Problematik staatlichen Handelns auf einen Begriff gebracht, der auch unter den veränderten Bedingungen der Gegenwart noch immer Gültigkeit besitzt."

Und doch zeigt Bonhoeffers Auseinandersetzung mit dem staatlich abgesegneten Antisemitismus deutlich, wie schwer es diesem durch und durch staatstreuen, in der Obrigkeitsgläubigkeit deutscher Protestanten verwurzelten Pfarrer gefallen sein muß, mit einer solchen Tradition zu brechen und eine Autorität in Frage zu stellen, die für ihn nie nur eine rein menschliche gewesen war.

Die rüden Methoden der Nazis machten ihm ja nicht zuletzt deshalb angst, weil sie das Gewaltmonopol des Staates antasteten, eines Staates, den er nach guter alter Protestantenart mit einer quasi göttlichen Weihe ausgestattet sah. Bonhoeffer 1932: „Die Gestalt, in der das Reich Gottes sich als Wunder bezeugt, nennen wir die Kirche; die Gestalt, in der das Reich Gottes sich als Ordnung bezeugt, nennen wir den Staat."

Und gerade dieses irdische Abbild des Gottesreiches erwies sich nun plötzlich als Brennpunkt eines gigantischen Systems von Rechtsbeugung, Verlogenheit und Menschenverachtung. Bonhoeffer mußte die Grenzen des Staates entdecken und die Funktion einer „den Opfern jeder Gesellschaftsordnung in unbedingter Weise verpflichteten" Kirche: Sie sollte den Staat keineswegs ersetzen („Es gibt hier keine schulmeisterliche oder gekränkte Einrede der Kirche. Die Geschichte wird nicht von der Kirche gemacht, sondern vom Staat"), aber kritisch daraufhin prüfen, ob er Recht und Ordnung schaffe, wie es seine Aufgabe sei.

Die Kirche, so präzisierte Bonhoeffer in dieser sozusagen im intimen Rahmen gehaltenen, aber für sein zukünftiges Handeln enorm wichtigen Ansprache, wisse um das Dilemma, daß in dieser Welt Gewalt ausgeübt werden müsse und daß sich der Staat damit im konkreten Fall immer wieder moralisch ins Unrecht setze. Die Kirche müsse deshalb auch akzeptieren, daß der Staat die „Judenfrage" zu lösen versuche und dabei „neue Wege" gehe. „Aber das bedeutet nicht, daß sie teilnahmslos das politische Handeln an sich vorüberziehen läßt; sondern sie kann und soll (...) den Staat immer wieder danach fragen, ob sein Handeln von ihm als legitim staatliches Handeln verantwortet werden könne, das heißt als Handeln, in dem Recht und Ordnung, nicht Rechtlosigkeit und Unordnung, geschaffen werden."

Zum Reden gezwungen ist die Kirche laut Bonhoeffer, wenn der Staat Ordnung und Recht nicht in genügendem Umfang garantiert, wenn etwa „eine Gruppe von Menschen rechtlos wird", aber auch, wenn er seine ordnende Funktion überzieht und dem Glauben sein eigenes Recht raubt, die Kirche „vergewaltigt", die getauften Juden aus den Christengemeinden ausschließt. Und wenn der Staat in seiner legitimen Funktion versage, Menschen rechtlos mache, dann könne es für die Kirche geboten sein, „mittelbar politisch" zu handeln, „nicht nur die Opfer unter dem Rad zu verbinden, sondern auch dem Rad selbst in die Speichen zu fallen". Den „Opfern", das betonte er ausdrücklich, sei die Kirche auch dann verpflichtet, wenn sie nicht der christlichen Gemeinde angehörten.

Der bisher ziemlich konservativ geprägte Ethiker und Theologe Bonhoeffer wagte mit dieser Rede endgültig den Sprung über den eigenen Schatten: Er argumentierte nun völlig vom Begriff eines liberalen Rechtsstaates her, der die individuellen Bürgerrechte gegen totalitäre Ansprüche und völkische oder rassische Engführungen zu verteidigen habe. Er nannte bereits Fälle, in denen die Kirche dem Staat aktiv widerstehen müsse.

Natürlich gelang es auch einem freien Geist wie Bonhoeffer nicht, mit einem Schlag sein ganzes Denken umzukrempeln. Er wurde die Angst vor einem komplett auf sich allein gestellten Gewissen nicht los; ob die Kirche „unmittelbar politisch handeln" (also „dem Rad in die Speichen fallen") müsse, das sei jeweils von einem „evangelischen Konzil" zu entscheiden und nicht durch im voraus aufgestellte Normen zu lösen. Und als es – ebenfalls im April 1933 – darum ging, den Vater seines Schwagers Gerhard Leibholz zu beerdigen, einen ungetauften Juden, da wand sich Bonhoeffer, fragte seinen kirchlichen Vorgesetzten um Rat und ließ sich nur zu gern davon abbringen, die Bitte des Schwagers zu erfüllen. Ein halbes Jahr später bat er Leibholz beschämt um Verzeihung.

Beerdigungsstreik gegen die Nazi-Kirche?

Vor der Entscheidung, „dem Rad in die Speichen zu fallen", sollten Bonhoeffer und seine Freunde sehr bald stehen. Während die völlig auf Nazi-Kurs marschierenden *Deutschen Christen* die Verfassung für eine neue einheitliche „Reichskirche" vorbereiteten, während Hitler einen willfährigen Wehrkreispfarrer zu seinem „Reichsbischof" wählen ließ, sprach Bonhoeffer auf Protestversammlungen und schlug vor, die Pfarrer sollten in einen Beerdigungsstreik treten. Eine scheinbar verrückte Idee, mit der die Kirche im besetzten Norwegen 1941 aber durchaus Erfolg haben sollte.

Die „Deutschen Christen" versuchten – eine Zeitlang recht geschickt – das Kunststück, nationalsozialistische und christliche Überzeugungen zu einer einzigen Weltanschauung zu verschmelzen. Aufbauend auf der uns schon bekannten Ideologie vom „Volkstum" als göttlicher Schöpfungsordnung, propagierten sie (in ihren „Richtlinien" vom Mai 1932) einen „bejahenden, artgemäßen Christus-Glauben, wie er deutschem Luther-Geist und heldischer Frömmigkeit entspricht", ein „lebendiges Tat-Christentum", welches das eigene Volk vor „Untüchtigen und Minderwertigen" schütze, und den

Dienst an der Reinheit der Rasse. Zuviel Mitleid – dadurch werde ein Volk nur „verweichlicht" – sei ebenso abzulehnen wie die Vermischung der Rassen, weil „der Christus-Glaube die Rasse nicht zerstört, sondern vertieft und heiligt".

Nach der Machtübernahme hielt der führende Kopf dieser merkwürdigen Glaubensbewegung, der junge Pfarrer Joachim Hossenfelder, in der Berliner Marienkirche einen triumphalen Dankgottesdienst und verkündete das Ende der Ära von Tod und Entartung: „In dieser Not – in der es nicht nur um das nackte Dasein ging, sondern um weit mehr, um die Seele des deutschen Volkes – formte sich Gott einen Mann, einen von den Millionen des Weltkrieges und gab ihm die größte Sendung unserer Geschichte: das deutsche Volk aus der Verzweiflung zu reißen und ihm den Glauben an das Leben wiederzuschenken. (...) Eine Millionen-Armee sammelt er um sich, nur das eine von ihm wissend: Dich hat uns Gott gesandt."

Noch bedenkenloser stilisierte Hossenfelders Thüringer Kollege Siegfried Leffler – auch er nicht älter als Bonhoeffer – den blutbefleckten Diktator zum Messias. Leffler jubelte darüber, „daß in der stockdunklen Nacht christlich-kirchlicher Geschichte Hitler für unsere Zeit gleichsam das wunderbare Transparent, das Fenster wurde, durch das Licht auf die Geschichte des Christentums fiel. Durch ihn hindurch vermochten wir den Heiland in der Geschichte der Deutschen zu sehen." Denn allein das deutsche Volk sei berufen, „den Schleier der Nacht vom Kreuz zu nehmen und der Welt den wirklich erlösenden Dienst zu erweisen".

Im Juli 1933 errangen die „Deutschen Christen" bei den Wahlen der Kirchenvorstände einen grandiosen Sieg; in manchen Gemeinden bekamen sie drei Viertel der Stimmen. Der Propagandaapparat der NSDAP lief auf Hochtouren, Hitler hatte am Vorabend der Wahl im Rundfunk gesprochen, und der in Diktaturen übliche sanfte Druck sorgte mancherorts für Einheitslisten.

Vergeblich hatte Bonhoeffer zusammen mit seinem Freund Hildebrandt und gleichgesinnten Studenten Flugblätter für die antinazistische Wahlliste *Evangelium und Kirche* gedruckt –

die von der Geheimen Staatspolizei beschlagnahmt wurden. Zum ersten Mal machte Bonhoeffer Bekanntschaft mit den Verhörmethoden der Gestapo, die ihm unverhohlen drohte, wenn noch irgendein Pfarrer etwas gegen die „Deutschen Christen" sagen sollte, werde man ihn verantwortlich machen und sein Ausflug in die Politik werde im Konzentrationslager enden.

Ungerührt stellte er sich am 23. Juli auf die Kanzel der Dreifaltigkeitskirche und erläuterte seinen Zuhörern, nun könne man sich nicht mehr „zu den Stillen im Lande" zurückziehen: „Wir sind vor die Entscheidung gefordert, wir können nicht ausweichen (...) Mitten durch das Ächzen eines bis in die Tiefe erschütterten Kirchengerüstes, mitten durch das Abbröckeln und Zusammenstürzen hören wir die Verheißung von der ewigen Kirche, die die Pforten der Hölle nicht überwältigen werden, von der Felsenkirche, die Christus gebaut hat und an der Er durch alle Zeiten hindurch weiterbaut. (...) Petruskirche, das heißt nicht Kirche der Ansichten und Meinungen, sondern Kirche der Offenbarung; nicht Kirche, in der von dem geredet wird, was ‚die Leute sagen', sondern Kirche, in der das Bekenntnis des Petrus neu gesagt und ausgerichtet wird (...) Es mag sein, daß die, menschlich gesehen, großen Zeiten der Kirche Zeiten des Einreißens sind. Es ist ein großer Trost, den Christus seiner Kirche gibt: du bekenne, verkündige, zeuge von Mir, Ich allein aber will bauen, wo es Mir gefällt. (...) Sieh nicht nach Meinungen und Ansichten, frage nicht nach Urteilen, rechne nicht immer wieder, sieh dich nicht nach anderm Halt um! Kirche, bleibe Kirche! Sondern du Kirche bekenne, bekenne, bekenne!"

„Es bleibt nur noch der Austritt"

Im September 1933 erfand die von den „Deutschen Christen" dominierte Generalsynode der Altpreußischen Union den „Arierparagraphen": Menschen jüdischer Abstammung oder mit Jüdinnen verheiratete durften in der evangelischen Kirche kein Amt mehr übernehmen. Der Bannstrahl – mit dem eine übereifrige Kirche ohne Not die staatliche Praxis kopierte –

traf nicht nur Pfarrer und Theologieprofessoren wie den prominenten Paul Tillich, sondern auch Kindergärtnerinnen und Fürsorgerinnen.

Es gab zwar kritische Stimmen innerhalb des Protestantismus wie jenes Gutachten der Marburger Theologischen Fakultät, das den „Arierparagraphen" für „unvereinbar mit dem Wesen der christlichen Kirche" erklärte; die christliche Botschaft sei an alle Rassen gerichtet und deshalb gehöre jeder Getaufte unabhängig von seiner rassischen Herkunft zur Kirche. Gleichzeitig kam freilich die Erlanger Theologische Fakultät zu einer ganz anderen Auffassung: „Die allen Christen gemeinsame Gotteskindschaft hebt die biologischen und gesellschaftlichen Unterschiede nicht auf", versicherten die Erlanger und empfahlen den kirchlichen Amtsträgern, sich ihrer Aufgabe, „Volkskirche der Deutschen zu sein", besser bewußt zu werden.

Realisten wie Bonhoeffer begriffen sehr genau, daß der vom Nazi-Staat im April unter dem harmlosen Titel *Gesetz zur Wiederherstellung des Berufsbeamtentums* in Kraft gesetzte „Arierparagraph" und seine Übernahme durch die Kirche Recht und Gesellschaft vollständig verändern mußten. Das Gesetz, so urteilt der Kirchenhistoriker Scholder, „stellte den ersten entscheidenden Schritt zu einer Ausnahmegesetzgebung dar, an deren Ende die Vernichtung der Juden in Deutschland und Europa stand. Zugleich war es ein deutlich sichtbarer Hinweis, daß Hitler entschlossen war, die völkische Ideologie auch rechtlich zur Grundlage des neuen Staates zu machen."

Die Kritiker (in der katholischen Kirche waren es erheblich mehr als bei den immer noch stark obrigkeitshörigen Protestanten) erkannten außerdem, daß man bei so einer Maßnahme nicht stehenbleiben und die Kirche fortschreitend ihrer Wurzeln, ihrer Identität berauben würde. Forderten die „Deutschen Christen" nicht bereits, „jüdische" Begriffe wie „Amen" oder „Halleluja" aus dem Gottesdienst zu tilgen und die hebräische Bibel, das „Judenbuch", aus der christlichen Tradition zu entfernen? Schon ordnete die Hessische Kultusverwaltung an: „Das Alte Testament wird aus dem Lehrprogramm für den evangelischen Religionsunterricht ausgeschlossen und durch zusätzliche Abschnitte aus dem Neuen Testament ersetzt."

Bonhoeffer war über diese Entwicklung ebenso tief beunruhigt wie die Redakteure des *Evangelischen Rufs,* der protestantischen Wochenzeitung für den Kreis Breslau. Mit dem Mut der Verzweiflung druckten sie in ihrem Blatt folgende beklemmende Vision ab: „Gottesdienst. Das Eingangslied ist verklungen. Der Pfarrer steht am Altar und beginnt: ‚Nichtarier werden gebeten, die Kirche zu verlassen!' Niemand rührt sich. ‚Nichtarier werden gebeten, die Kirche zu verlassen!' Wieder bleibt alles still. ‚Nichtarier werden gebeten, die Kirche zu verlassen!' Da steigt Christus vom Kreuz des Altars herab und verläßt die Kirche." Zwei Wochen später mußte der *Evangelische Ruf* auf Anordnung des Breslauer Regierungspräsidenten sein Erscheinen einstellen; der Artikel habe „staatsfeindlichen Zielen" Vorschub geleistet.

Einer solchen Kirche gegenüber gebe es „nur noch *einen* Dienst der Wahrheit, nämlich den Austritt", erklärte Bonhoeffer auf Flugblättern, die er selbst an Bäume und Laternenpfähle klebte. Auf der brandenburgischen Provinzialsynode hatten er und seine Freunde die Übernahme des „Arierparagraphen" zwar nicht verhindern können; die „Deutschen Christen" schüchterten die Opposition massiv ein und wußten eine Diskussion zu verhindern. Doch dann verzichtete die in Wittenberg tagende Nationalsynode überraschenderweise auf die Einführung des „Arierparagraphen" für die Reichskirche. Das Auswärtige Amt – aufgeschreckt durch eine Resolution des *Weltbundes für Freundschaftsarbeit der Kirchen* – hatte interveniert; man konnte sich einen solchen Ansehensverlust im Ausland noch nicht leisten. Die entscheidende Vorarbeit für die Resolution hatte bei einer „Weltbund"-Tagung im bulgarischen Sofia der deutsche Delegierte Dietrich Bonhoeffer vollbracht.

Bonhoeffer war auch bei der Gründung von Pastor Niemöllers *Pfarrernotbund* beteiligt, der die Opposition gegen die „völkische" Reichskirche sammeln wollte und immerhin zweitausend Pfarrer zur Ablehnung des „Arierparagraphen" motivieren konnte. Diese Unterschriftenlisten haben bei der Nationalsynode in Wittenberg gewiß Eindruck gemacht. Aus dem *Pfarrernotbund* entstand später die *Bekennende Kirche,* jener organisierte Teil des deutschen Protestantismus, der bis zuletzt Widerstand gegen die Gleichschaltung leistete und die verfolgten Pfarrer unterstützte.

Isoliert sogar unter den Freunden

In Preußen hatten Staatskommissare in SA-Uniform die Leitung der Kirchenprovinzen übernommen. Bonhoeffer hielt zwar noch eine Christologie-Vorlesung mit der frechen These, daß Israel „gegen den Strom entarteter Messianismen" die echte biblische Vorstellung vom Messias bewahre und deshalb eine wichtige Zeugenfunktion für die ganze Welt ausübe: „Mit seiner prophetischen Hoffnung steht es allein unter den Völkern. Und Israel wird der Ort, an dem Gott seine Verheißung erfüllt."

Doch die Lehrtätigkeit machte ihm keine Freude mehr. Bonhoeffer spürte, daß er mit seiner kompromißlosen Haltung zunehmend in die Isolation geriet, auch gegenüber den durchaus regimekritischen Freunden. Im „Pfarrernotbund" gehörte er der radikalsten Fraktion an, für die mit dem Anpassungskurs der Kirchenleitungen und dem Ausschluß der getauften Juden das Schisma faktisch vollzogen war und nur noch die Möglichkeit blieb, aus dieser orientierungslos gewordenen Kirche auszutreten und eine evangelische Freikirche zu bilden. Bonhoeffers und Hildebrandts Forderung, sich dem Staat offen entgegenzustellen, mochten die wenigsten nachvollziehen; Pastor Niemöller hatte Hitler nach Deutschlands Austritt aus dem Völkerbund ein Danktelegramm geschickt, und er konnte auch Bonhoeffers leidenschaftliche Parteinahme für die Juden nicht verstehen, denen er selbst anfangs sehr reserviert gegenüberstand.

Später schilderte Bonhoeffer dem verehrten Karl Barth brieflich seinen „Verdruß über unsere kirchlichen Zustände und auch über die Haltung gerade unserer Gruppe". Es hätte wohl nicht lange gedauert, „bis ich mich von meinen Freunden förmlich hätte lossagen müssen". All den Fragen und Ansprüchen habe er sich innerlich einfach nicht mehr gewachsen gesehen. „Ich fühlte, daß ich mich unbegreiflicherweise gegen alle meine Freunde in einer radikalen Opposition befände, ich geriet mit meinen Ansichten über die Sache immer mehr in die Isolierung, obwohl ich persönlich in nächster Beziehung mit diesen Menschen stand und blieb – und das alles machte mir Angst, machte mich unsicher, ich fürchtete, daß ich mich aus Rechthaberei verrennen würde –, und dabei sah ich gar keinen Grund dafür, daß ich jetzt gerade diese Dinge richtiger und besser sehen sollte als so manche ganz tüchtige und gute Pfarrer, zu denen ich einfach aufsehe – und so dachte ich, es wäre wohl Zeit, für eine Weile in die Wüste zu gehen und einfach Pfarrarbeit zu tun, so anspruchslos wie irgendmöglich."

Die „Wüste" hieß London. Dort betreute Dietrich Bonhoeffer eineinhalb Jahre lang, von Oktober 1933 bis April 1935, zwei deutsche Auslandspfarreien gleichzeitig, die Gemeinde Sydenham in Forest Hill, wo hauptsächlich Kaufleute und Diplomaten wohnten, und St. Paul im heruntergekommenen Eastend, eine schon sehr lange bestehende Gemeinde von Handwerkerfamilien und kleinen Gewerbetreibenden, für die Deutsch oft zur Fremdsprache geworden war. Er fand beide Gemeinden „ziemlich verwahrlost" und machte sich in seinem Reformeifer nicht nur Freunde, als er Kindergottesdienste einführte, Jugendgruppen gründete und mit Krippenspielen experimentierte. Als wäre er daheim in Berlin, setzte er an Heiligabend und Silvester Gottesdienste an, ohne zu berücksichtigen, daß diese Tage in England ziemlich „weltlich" und im Familienkreis gefeiert werden – und wunderte sich, daß die Kirche leer blieb. Auch seine anspruchsvollen Predigten waren nicht unbedingt beliebt.

Bonhoeffers Londoner Gemeinden hielten sich viel auf ihre Unabhängigkeit von den Kirchenbehörden im Deutschen Reich zugute, und der Versuch der deutschen Botschaft, sie für den Bau eines „Deutschen Hauses" zu gewinnen, stieß bei ihnen auf wenig Gegenliebe. Sie hielten auch Distanz zu den Auslandsgemeinden im Londoner Norden, deren Pfarrer stramme Nazis waren. Bonhoeffer sammelte zwar brav für die von den Nazis propagierte „Winterhilfe", bat aber gleichzeitig um Spenden für deutsche Flüchtlinge. Beschämt stellte er fest, wie treu die Handwerkerfamilien im Eastend zu ihrer Kirche standen, die er zuerst wegen ihrer konservativen Frömmigkeitsformen verachtet hatte, und wie gern sie den (meist jüdischen) Flüchtlingen halfen. Vielleicht auch deshalb, weil sie sahen, wie selbstverständlich der Pfarrer Bonhoeffer selbst Essen und Geld mit den Neuankömmlingen teilte.

Besonders die Akademiker und Intellektuellen wandten sich mit ihren Problemen an den einstigen Hochschuldozenten, dessen Adresse blitzschnell zum Geheimtip in Emigrantenkreisen geworden war. In einem Brandbrief an den New Yorker Theologieprofessor Reinhold Niebuhr fragte Bonhoeffer beispielsweise, ob es in New York eine Einrichtung gebe, die jüdischen oder aus politischen Gründen von der Universität relegierten Studenten eine Fortsetzung des Studiums oder eine Umschulung ermöglichen könne. „Hier in London liegt mir besonders auf der Seele ein Mann, 23 Jahre, ehemaliger Führer des Republikanischen Studentenbundes, Jurist, der in wirklicher Bedrängnis ist und den ich nirgends unterbringen kann. Er ist glaube ich kein besonderes Licht, aber es muß ihm einfach geholfen werden. (...) Der andere ist der Schriftsteller Armin T. Wegner – Tillich wird ihn sicher kennen –, sehr linksgerichtet, furchtbare Zeit im Konzentrationslager und völlig kaputt. Er hat hier nichts finden können und ist verzweifelt dran."

Im Kontakt mit englischen Kirchenleuten und Besuchern aus der Ökumene, aber auch dank einer intensiven Korrespondenz mit Familienangehörigen und Freunden daheim im Land des braunen Terrors, radikalisierte sich Bonhoeffers Haltung in London weiter. Besorgt verfolgte er den Austritt Deutschlands aus dem Völkerbund – den er zu Recht als Indiz für eine vergrößerte Kriegsgefahr wertete –, die Eliminierung möglicher Rivalen Hitlers von Röhm bis zu Strasser und Schleicher durch eine großangelegte Mordaktion, die Ausweitung der diktatorischen Befugnisse des „Führers", der nach Hindenburgs Tod das Amt des Reichspräsidenten mit übernahm, die neue Eidesformel für die Reichswehr, mit der sich jeder Soldat und Offizier nur noch an Adolf Hitler persönlich und an keine Verfassung mehr zu binden hatte, die Berufsverbote für jüdische Ärzte, Apotheker und Rechtsanwälte.

„Weg von der blamablen Mittellinie!"

Vielleicht hatten die preußischen Kirchenbehörden gemeint, den unbequemen Theologen im fernen London kaltstellen zu können. Doch bald mußten sie ergrimmt feststellen, daß der mit dem Seelsorgsalltag zweier Gemeinden eigentlich genug beschäftigte Auslandspfarrer nicht nur fast alle seine Londoner Amtsbrüder, sondern auch den ganzen deutschen Gemeindeverband in Großbritannien auf einen massiven Oppositionskurs zur regimefreundlichen Kirchenspitze in Berlin zu bringen vermochte. Es hagelte Protesttelegramme an die Kirchenleitungen, an staatliche Behörden und sogar an den Reichspräsidenten Hindenburg, es wurde so viel geschrieben und telefoniert, daß das Londoner Post-Office dem Pastor Bonhoeffer einen Sondertarif einräumte.

„weg von der blamablen mittellinie – warum flucht vor der verantwortung", telegraphierten die Londoner an Martin Niemöller, als Gerüchte über Versöhnungsbestrebungen zwischen der Reichskirche und dem „Pfarrernotbund" nach England drangen. In mehreren Briefen an Gleichgesinnte in Berlin verlangte Bonhoeffer, gegen „deutschchristliche" Bischöfe und „Hoftheologen" strenge Lehrzuchtverfahren einzuleiten, die vor dem Staat kuschenden Synoden aufzulösen und „alle alten und neuen Halben" aus dem Pfarrernotbund auszuschließen. „Ohne das werden wir dieses Gift nie los (...)"

Um die Wogen zu glätten, sandte die Reichskirchenregierung eine Delegation nach London, angeführt vom umstrittenen Leiter des neuerrichteten Kirchlichen Außenamtes und späteren Auslandsbischof Theodor Heckel. Dieser sprach viel über die Neuorganisation des deutschen Protestantismus parallel zur „staatlichen Zentralisation" und über die erwünschte „Loyalität, die den Rahmen des Ganzen beachtet", aber – wie Bonhoeffer bei der Konferenz kritisierte – wenig über die theologischen Bedenken der englischen Gemeinden gegenüber dem Berliner Anpassungskurs. Heckel konnte nicht verhindern, daß die deutschen Pastoren in Großbritannien in einer gemeinsamen Erklärung ihre Bindung an die Reichskirche von deren Treue zum Alten Testament und vom Verzicht auf die Durchsetzung des „Arierparagraphen" abhängig machten.

Daheim in Deutschland gliederte der Hitler treu ergebene „Reichsbischof" Ludwig Müller mittlerweile die Evangelische Jugend in die Hitlerjugend ein, verbot die Erörterung innerkirchlicher Meinungsverschiedenheiten in kircheneigenen Räumen und Publikationen und untersagte einen Gottesdienst des „Pfarrernotbundes" im Berliner Dom – worauf sich vor dem Dom eine riesige Menschenmenge versammelte und Luthers Kampflied *Ein feste Burg ist unser Gott* anstimmte.

Währenddessen drängte Bonhoeffer in seinen Briefen immer stärker auf eine klare Frontbildung. „Verzögerte oder verpaßte Entscheidungen können sündiger sein als falsche Entscheidungen, die aus dem Glauben und aus der Liebe kommen", gab er zu bedenken. „‚Erlaube mir, daß ich zuvor hingehe ...' heißt es im Evangelium, oh, wie oft schützen wir das vor! – und gerade hier heißt es Jetzt oder Nie. (...) Bekenntnis – heißt es heute in Deutschland, Bekenntnis heißt es heute auch für die Ökumene. Weg mit der Angst vor diesem Wort – die Sache Christi ist auf dem Spiel, wollen wir schlafend gefunden werden?"

Es gehe um das Ganze, bekräftigte er im Jahresbericht der Gemeinde London-Sydenham, „um Nachfolgen oder Desertieren, um Christus oder die Götzen unseres Lebens. (...) Die Zeit der Kirche ist knapp bemessen. Wer weiß, ob das, was heute nicht gesagt und gehört wird, morgen nicht schon zu spät kommt. Es ist Entscheidungszeit." Den dänischen Bischof Ammundsen, Präsident des Exekutivkomitees des „Weltbundes", forderte er auf, „um Jesu Christi willen" Klartext zu reden. „Es muß klar werden – so furchtbar es ist –, daß die Entscheidung vor der Tür steht: Nationalsozialist *oder*

Christ (...) wir müssen hinein u. hindurch, ohne Diplomatie mit offener christlicher Rede."

Bonhoeffers Wort hatte Gewicht im Weltprotestantismus – spätestens seit er in den *Ökumenischen Rat für praktisches Christentum* gewählt worden war. Und er nutzte seine Kontakte, um Unterstützung für die Bekennende Kirche seiner Heimat und die Anerkennung sogenannter „Notkirchenregierungen" einzufordern. Er nahm sich auch die Freiheit, die Bruderkirchen im Ausland daran zu erinnern, daß die internationale Beschwichtigungspolitik Mitschuld an Hitlers Untaten trage.

Bonhoeffers Werben um die Solidarität der Kirchen in den anderen Ländern konnte von den regimefreundlichen Christen in seiner deutschen Heimat natürlich nur als Nestbeschmutzung gewertet werden. Ihm ging es darum, den Widerstand deutscher Gemeinden gegen Gleichschaltung und Terror zu stärken – und den Kirchen im Ausland klarzumachen, „daß Kirche und Christenheit als solche auf dem Spiel stehen", wie er seinem Freund, Bischof Bell, nach Chichester schrieb: „Die Frage, um die es in der deutschen Kirche geht, ist keine interne Angelegenheit mehr, sondern die Frage der Existenz des Christentums in Europa (...)"

Der Kirchenkampf ist nur ein „Vorgeplänkel"

Denn seit bei einer Großkundgebung der „Deutschen Christen" im Berliner Sportpalast in Anwesenheit schweigender Bischöfe und zufriedener Minister die Befreiung vom Alten Testament mit seiner „jüdischen Lohnmoral" und seinen „Viehhändler- und Zuhältergeschichten" proklamiert worden war, regte sich in den evangelischen Gemeinden zunehmend Widerstand gegen die nazistische Verfremdung des Evangeliums. Vor einem Wald von Hakenkreuzfahnen hatte der Gauobmann der „Deutschen Christen" in Großberlin, Dr. Reinhold Krause, damals eine „kerndeutsch gebaute" Volkskirche verlangt, „die Raum läßt für die ganze Weite eines artgemäßen Gotterlebens", gereinigt von der „Minderwertigkeitstheologie des Rabbiners Paulus" und zurückgekehrt zu einem „heldischen Jesus". Vom Kreuz solle man nicht mehr so „übertrieben" reden – und erst recht nicht von irgendwelchen jüdischen Elementen der biblischen Tradition: „Wenn wir Nationalsozialisten uns schämen, eine Krawatte vom Juden zu kaufen, dann müßten wir uns erst recht schämen, irgend etwas, das zu unserer Seele spricht, das innerste Religiöse, vom Juden anzunehmen!"

Die 20 000 im Sportpalast versammelten Menschen hatten Krauses wirre Ausfälle zwar frenetisch bejubelt und einer nicht minder seltsamen Resolution zugestimmt: „Wir fordern, daß eine deutsche Volkskirche Ernst macht mit der Verkündigung der von aller orientalischen Entstellung gereinigten schlichten Frohbotschaft und einer heldischen Jesus-Gestalt als Grundlage eines artgemäßen Christentums, in dem an die Stelle der zerbrochenen Knechtsseele der stolze Mensch tritt, der sich als Gotteskind dem Göttlichen in sich und in seinem Volke verpflichtet fühlt. Wir bekennen, daß der einzige wirkliche Gottesdienst für uns der Dienst an unseren Volksgenossen ist (...)"

Doch viele Anhänger der „Deutschen Christen" draußen im Land begriffen jetzt, auf welche neuheidnische Ersatzreligion sie sich da eingelassen hatten. Die Bewegung verzeichnete Massenaustritte, „Reichsbischof" Müller – sonst eine willige Marionette Hitlers – mußte sich von der Resolution distanzieren und seine Schirmherrschaft über die „Deutschen Christen" niederlegen, und die Bekennende Kirche erhielt regen Zulauf. Auf der „Barmer Bekenntnissynode" im Mai 1934 lehnten es Abgeordnete aus allen deutschen Landeskirchen einmütig ab, die Gestalt der christlichen Botschaft „dem Wechsel der jeweils herrschenden weltanschaulichen und politischen Überzeugungen" zu überlassen.

Bonhoeffer galt als einer der Drahtzieher der Rebellion. Mehrfach wurde der renitente Auslandspfarrer von der offiziellen Kirchenführung nach Berlin zitiert und gemaßregelt. Man legte ihm eine Erklärung vor, er werde sich fortan jeder „ökumenischen Betätigung" enthalten; Bonhoeffer verweigerte die Unterschrift. Rätselhaft, warum man ihn nicht einfach absetzte; die Kirchenbehörden dachten wohl nicht zu Unrecht, daheim in Deutschland werde er noch mehr Unheil anrichten.

Am 5. November 1934 vollzogen die evangelischen deutschen Auslandsgemeinden Englands den förmlichen Bruch mit der Reichskirche und schlossen sich der Bekennenden Kirche an. Zwei Wochen vorher hatte die Synode der Bekennenden Kirche in Berlin-Dahlem den von „Deutschen Christen" dominierten Kirchenleitungen den Gehorsam aufgekündigt und ein „kirchliches Notrecht" in Kraft gesetzt. Dieser innerkirchliche Konflikt sei nur das „Vorgeplänkel" zu einer „ganz anderen Opposition", prophezeite Bonhoeffer; der „eigentliche Kampf" werde „an ganz anderer Stelle" entbrennen und „nicht mehr so frisch, fröhlich" ausgefochten werden können wie der jetzige, sondern von dem gewonnen, „der ihn ganz erleidet (...) es wird wieder alles auf dem Einzelnen stehen wie zum Beginn."

In einem Brief an seinen Freund aus New Yorker Tagen Erwin Sutz, der jetzt reformierter Pfarrer in der Schweiz war, wurde er noch deutlicher: „Es muß auch endlich mit der theologisch begründeten Zurückhaltung gegenüber dem Tun des Staates gebrochen werden", verlangte er, „es ist ja doch alles nur Angst. ‚Tu den Mund auf für die Stummen' – wer weiß denn das heute noch in der Kirche, daß dies die mindeste Forderung der Bibel in solchen Zeiten ist? (...) Hitler hat sich als der ganz klar gezeigt, der er ist, und die Kirche muß wissen, mit wem sie zu rechnen hat."

Noch ein Jahr zuvor hatte Bonhoeffer in seiner berühmt gewordenen Stellungnahme zum „Arierparagraphen" sehr viel behutsamer formuliert: Die Kirche habe den Staat zwar immer wieder nach der Legitimität seines Handelns zu fragen, aber sie könne „nicht unmittelbar politisch handeln" und sein „geschichtsschaffendes Handeln" vom Standpunkt eines „humanitären Ideals" aus kritisieren, wisse sie doch um die „wesenhafte Notwendigkeit der Gewaltanwendung in dieser Welt". Jetzt stellte er in einem Aufsatz für die Zeitschrift *Evangelische Theologie* unmißverständlich klar, für die Bekennende Kirche sitze in der Berliner Reichskirchenregierung „der Antichrist", weil dort der „Vernichtungswille" regiere.

Bonhoeffer verschonte allerdings auch sich selbst nicht mit kritischen Fragen: Er habe Angst davor, zu „fanatisch" zu werden, vertraute er seinem immer sehr nüchternen Bruder Karl-Friedrich an. Und als er im Oktober 1934 auf einer Londoner Kirchenkanzel über den „Glaubenskampf" in Deutschland sprach und vor der Versuchung der „Selbstgerechtigkeit und Rechthaberei" warnte, hatte er wohl auch die eigene Neigung zum unbarmherzigen Urteil im Auge.

War der Wechsel nach London nicht überhaupt eine Flucht gewesen? Eine Flucht vor der Verantwortung, vor der Gestapo, die ihn bereits bedroht hatte? „Man ist zu nah, um nicht an allem teilnehmen zu wollen, und zu weit, um wirklich aktiv mitzumachen", schrieb er traurig nach Hause.

Es kam ja leider auch nicht zu dem dauerhaften Schulterschluß zwischen Bekennender Kirche und Ökumene, den Bonhoeffer ersehnte. Die Zeit war noch nicht reif für ein so selbstverständliches Überschreiten konfessioneller Grenzen, und der kirchliche Widerstand in Deutschland driftete bald in unterschiedliche Strömungen auseinander. Visionäre, die so dachten wie er, waren selten: Pioniergestalten wie der Lordbischof von Chichester und Präsident des Ökumenischen Rates für praktisches Christentum *Life and Work,* George Bell, der regen Kontakt mit seinem hervorragend Englisch sprechenden Informanten pflegte und mehrfach wirkungsvoll zugunsten der oppositionellen deutschen Kirche intervenierte.

Typisch für das zwiespältige Verhältnis zwischen Weltprotestantismus und oppositioneller deutscher Kirche war die ökumenische Konferenz von Fanö (Dänemark) vom August 1934. Dort hatte Bonhoeffer in einer weitsichtigen Friedensrede, ein halbes Jahrzehnt vor Ausbruch des Zweiten Weltkriegs, die Einsichten späterer Rüstungsgegner vorweggenommen: Die scheinheilige Frage der Schlange im Paradies „Sollte Gott das wirklich gesagt haben?" sei der Todfeind des Friedens. „Sollte Gott nicht die menschliche Natur besser gekannt haben und wissen, daß Kriege in dieser Welt kommen müssen wie Naturgesetze? Sollte Gott nicht gemeint haben, wir sollten wohl von Frieden reden, aber so wörtlich sei das nicht in die Tat umzusetzen? Sollte Gott nicht doch gesagt haben, wir sollten wohl für den Frieden arbeiten, aber zur Sicherung sollten wir doch Tanks und Giftgase bereitstellen? Und dann das scheinbar Ernsteste: Sollte Gott gesagt haben, du sollst dein Volk nicht schützen?"

Nein, Friede werde nicht durch politische Vertragssysteme gemacht oder durch Wirtschaftsbeziehungen oder gar durch „allseitige friedliche Aufrüstung", weil hier überall Friede mit Sicherheit verwechselt werde. Bonhoeffer: „Es gibt keinen Weg zum Frieden auf dem Weg der Sicherheit. Denn Friede muß gewagt werden (...) Sicherheiten fordern heißt Mißtrauen haben, und dieses Mißtrauen gebiert wiederum Krieg."

Der „Weltbund" und der Ökumenische Rat *Life and Work* hatten sowohl Vertreter der Bekennenden Kirche – Bonhoeffer gehörte dazu – als auch der offiziellen Reichskirche nach Fanö eingeladen, und natürlich gerieten beide Fraktionen sofort in heftigen Streit. Die Reichsregierung hatte „ihren" Kirchenleuten ein eigenes Flugzeug zur Verfügung gestellt, und sie beeilten sich, der Versammlung zu versichern, unter den neuen politischen Verhältnissen in Deutschland habe die Verkündigung des Evangeliums an Zugkraft gewonnen.

Bonhoeffer – der die Verhandlungen entscheidend mit vorbereitet hatte – ließ die regimetreuen Mitchristen reden; man glaubte ihnen ohnehin kaum ein Wort. Er hatte etwas viel Wichtigeres vor: Bonhoeffer wollte die Kirchenvertreter aus aller Herren Ländern ermuntern, mit der Autorität eines Konzils ein Machtwort für den Frieden zu sprechen. Der einzelne Friedensfreund, die Kirche einer Nation, sie hätten keine Chance. „Nur das Eine große ökumenische Konzil der Heiligen Kirche Christi aus aller Welt kann es so sagen, daß die Welt zähneknirschend das Wort vom Frieden vernehmen muß und daß die Völker froh werden, weil diese Kirche Christi ihren Söhnen im Namen Christi die Waffen aus der Hand nimmt und ihnen den Krieg verbietet und den Frieden Christi ausruft über die rasende Welt."

Die Delegierten, so berichten Augenzeugen, lauschten der Rede Bonhoeffers mit „atemloser Spannung". Sie ergriffen in einer „Entschließung zur kirchlichen Lage in Deutschland" auch durchaus Partei für die Widerständler; „entscheidende

Grundsätze der christlichen Freiheit" seien dort in Gefahr. Was freilich gleich wieder durch die Versicherung verwässert wurde, man wünsche mit „allen Gruppen" der Evangelischen Kirche Deutschlands in „freundlicher Beziehung" zu bleiben.

Bonhoeffers verwegene Hoffnung, die Versammlung werde als „Friedenskonzil" die Weltmächte zum Verschrotten ihrer Waffen auffordern, blieb erst recht ein frommer Wunsch. Für seine theologische Argumentation interessierte sich kein Mensch. Die Engländer stellten lakonisch fest, ein prinzipieller Verzicht auf militärische Gewalt müsse zum Zusammenbruch des britischen Empire führen. Und die deutschen Reichskirchenvertreter empfanden die Friedenspredigt als unverschämte Provokation. Der greise Berliner Theologieprofessor Arthur Titius, in der Weimarer Zeit ein Befürworter von Abrüstung und Ökumene, nun aber ein gläubiger Anhänger Hitlers, weigerte sich zitternd vor Zorn, denen noch einmal die Hand zu geben, die dieser Rede applaudiert hatten.

3
Finkenwalde: Ein Christ begreift, daß die Juden seine Brüder sind

„Die Kirche war stumm, wo sie hätte schreien müssen, weil das Blut der Unschuldigen zum Himmel schrie"

1935 kehrte Dietrich Bonhoeffer nach Deutschland zurück, um die Leitung eines Predigerseminars in Finkenwalde bei Stettin zu übernehmen. Diese Ausbildungsstätten für Theologen, die ihr Uni-Studium hinter sich hatten und sich auf den praktischen Dienst in den Gemeinden vorbereiteten, waren zu Instrumenten der Bekennenden Kirche geworden und arbeiteten in einer gerade noch geduldeten Illegalität – neben den offiziellen Seminaren der Reichskirche, die den „Ariernachweis" verlangten und die Ausbildung zeitweise mit dem Dienst in der SA und im Arbeitslager koppelten.

Das Seminar in Finkenwalde – beziehungsweise in Zingst an der Ostsee, wo es die ersten zwei Monate untergebracht war – sollte dem Theologennachwuchs aus Pommern dienen und wurde durch Spenden finanziert. Bonhoeffers Direktorengehalt war bescheiden, und die Hochschulabsolventen brachten Schreinerwerkzeug und Farbkübel mit, um ihr Haus – eine heruntergekommene ehemalige Privatschule – erst einmal herzurichten.

Von so einer Ausbildung in „klösterlicher" Atmosphäre, orientiert an der „reinen Lehre" und der Bergpredigt, hatte Bonhoeffer in London geträumt; auf der Universität sei das unter den gegenwärtigen Umständen unmöglich. „Die Restauration der Kirche", vertraute er seinem Bruder Karl-Friedrich an, „kommt gewiß aus einer Art neuen Mönchtums, das mit dem alten nur die Kompromißlosigkeit eines Lebens nach der Bergpredigt in der Nachfolge Christi gemeinsam hat." Tatsächlich hatte er sich in England eine ganze Reihe von anglikanischen Klöstern und geistlichen Gemeinschaften angesehen, und er wäre auch endlich der Einladung von Gandhi in dessen Ashram gefolgt, hätte ihm nicht der Ruf nach Finkenwalde erneut einen Strich durch die Rechnung gemacht.

Es war ein Zusammenleben, dem Bonhoeffer eine im damaligen Protestantismus ungewöhnliche Gestalt gab: Andachten in der Tischrunde, täglich eine halbe Stunde stille Schriftmeditation. Sogar die persönliche Beichte wurde erneuert, weil man vor dem Bruder nicht zu heucheln brauche und in der Gemeinschaft nicht mehr mit seiner Schuld allein sei.

„Bruder", das war das Stichwort. Das Predigerseminar als Ausbildungsstätte für junge Theologen war mit einem *Bruderhaus* gekoppelt, dessen Bewohner, Bonhoeffer und etliche Pastorenkollegen, ein gemeinsames christliches Leben zu führen versuchten – zunächst befristet auf einige Jahre. In seinem Antrag auf Einrichtung eines solchen Bruderhauses begründete Bonhoeffer gegenüber dem Rat der Evangelischen Kirche der Altpreußischen Union das Experiment nicht nur mit der schmerzlich erfahrenen „Vereinzelung" der Gemeindepfarrer, sondern ausdrücklich mit der brisanten Zeitsituation: „Eine Verkündigung, die aus praktischer, gelebter und erfahrener Bruderschaft kommt, wird sachlicher und unerschrockener sein können und weniger in der Gefahr der Versandung stehen."

Karl Barth vertrat zur selben Zeit in seiner Programmschrift *Theologische Existenz heute* ganz ähnliche Gedanken. Man brauche ein „geistliches Widerstandszentrum", das der kirchenpolitischen Opposition erst Sinn und Substanz zu geben vermöge. Barth: „Wer das versteht, der wird heute nicht irgendeinen Kampf, sondern ein sehr schlichtes: Bete und arbeite! auf sein Programm setzen." Bonhoeffer präzisierte die Aufgabe des Bruderhauses so: „Um in den gegenwärtigen und kommenden kirchlichen Kämpfen das Wort Gottes zur Entscheidung und zur Scheidung der Geister zu predigen, um in jeder neu erwachsenen Notlage sofort zum Dienst der Verkündigung bereit zu sein, bedarf es einer Gruppe völlig freier, einsatzbereiter Pastoren. Sie müssen bereit sein, unter allen äußeren Umständen, unter Verzicht auf alle finanziellen und sonstigen Privilegien des Pfarrerstandes zur Stelle zu sein, wo der Dienst gefordert wird."

Der prominente Barth und der in Theologenkreisen noch nicht sehr bekannte Bonhoeffer haben über ihre gemeinsame Idee einen angeregten Briefwechsel geführt. Man mache sich ja keine Vorstellung davon, schrieb Bonhoeffer dem Älteren, „wie leer, wie völlig ausgebrannt die meisten der Brüder ins Seminar kommen", ohne Beziehung zur Bibel, ohne rechte Orientierung, wie ein persönliches Leben als Christ aussehen könne. Erschüttert gibt er wieder, was ihm kürzlich ein führender Kopf der Bekennenden Kirche vorgeworfen habe: „Für Meditation haben wir jetzt keine Zeit, die Kandidaten sollen lernen zu predigen und zu katechesieren!" Der Kritiker wisse wohl nicht, wie eine gute Predigt oder Katechese entstehe, und er wisse auch nichts von den verzweifelten Fragen junger Theologen: „Wie lerne ich beten? Wie lerne ich die Schrift lesen?"

Deshalb die tägliche ausgiebige Morgenandacht mit Psalmen, Schriftlesungen – aus der hebräischen Bibel und dem Neuen Testament –, frei formuliertem Gebet, Vaterunser und Liedern, worauf noch eine halbe Stunde Meditation folgte, und das ähnlich strukturierte Abendgebet, das dem Muster der römisch-katholischen *Vesper* und des anglikanischen *Evensong* folgte. Deshalb schlichte (und doch so schwer einzuhaltende) klösterliche Lebensregeln wie die, über einen Mitbruder nie in dessen Abwesenheit zu sprechen. Deshalb der gemeinsame Topf, in den sämtliche Pfarrer- oder Hilfspredigergehälter kamen.

Dietrich Bonhoeffer, kaum älter als seine Schützlinge, hielt ihnen keine salbungsvollen Vorträge, sondern lebte das Teilen und die Rücksichtnahme aufeinander ganz selbstverständlich mit. Seine vielen Bücher, sein Klavier, seine aus Amerika mitgebrachten Schallplatten gehörten jetzt eben allen. Er scheint sich um des ungeteilten, völlig freien Dienstes willen sogar von einer Frau getrennt zu haben, mit der ihn viel verband und die ihm als promovierte Theologin auch geistig das Wasser reichen konnte.

Ein Brief an seinen Schwager Rüdiger Schleicher läßt den

Reifungsprozeß erkennen, den der einst so spröde Kopfarbeiter durchgemacht hatte: Er suche in der Bibel keine allgemeinen Wahrheiten mehr, „die unserem eigenen ‚ewigen' Wesen entsprächen", läßt er den Freund wissen, sondern den Willen Gottes, „der uns ganz fremd und zuwider ist". Außerhalb der Bibel fürchte er bloß immer auf seinen eigenen „göttlichen Doppelgänger" zu stoßen. Fazit: „Bin ich es, der sagt, wo Gott sein soll, so werde ich dort immer einen Gott finden, der mir irgendwie entspricht, gefällig ist, der meinem Wesen zugehörig ist. Ist es aber Gott, der sagt, wo er sein will, dann wird das wohl ein Ort sein, der meinem Wesen zunächst gar nicht entsprechend ist, der mir gar nicht gefällig ist. Dieser Ort aber ist das Kreuz Christi. Und wer ihn dort finden will, der muß mit unter dieses Kreuz, wie es die Bergpredigt fordert."

Es überrascht nicht, daß die jungen Finkenwalder von Bonhoeffer förmlich „überrannt" wurden, wie ein Augenzeuge schrieb, „durch seine religiöse Wärme, ja Leidenschaft". Der Herr Direktor, der sich nicht zu schade war, das Abspülen in der Küche zu übernehmen, und bei schönem Wetter den Unterricht auch mal ausfallen ließ, um mit der ganzen Horde ans Meer zu fahren, verkörperte einen vitalen, aufrichtigen Glauben ohne jede Frömmelei. Eine Beziehung zu Christus, die den zwischenmenschlichen Umgang sehr konkret veränderte. Bonhoeffer: „Der Christus im eigenen Herzen ist schwächer als der Christus im Worte des Bruders; jener ist ungewiß, dieser ist gewiß."

Mit Klosterromantik und schwärmerischer Weltflucht, wie sie damals nach dem Ersten Weltkrieg mancherorts aufgeblüht waren, hatte die Finkenwalder Gründung herzlich wenig zu tun. „Nicht klösterliche Abgeschiedenheit, sondern innerste Konzentration für den Dienst nach außen ist das Ziel", hatte Bonhoeffer schon in seinem Antrag an den Kirchenrat klargestellt. Kein Rückzug in die Idylle, sondern Bündelung der Energien, Ausrichtung auf das Wesentliche, um Kraft für das Engagement in der Welt zu gewinnen. In der stark in Mode gekommenen Gruppenbewegung mit ihrer Vorliebe für intime religiöse Erfahrungen in der kleinen Gemeinschaft sah Bonhoeffer die Gefahr, zur „Winkelkirche" zu entarten, desinteressiert an den Nöten der Welt und untauglich für das gesellschaftliche Zeugnis.

Bonhoeffers Kirche der „Nachfolge" dagegen, so faßt sein katholischer Interpret Tiemo Rainer Peters zusammen, versteht sich „jenseits von apathischer Resignation und revolutionärem Pathos" als „politische Kontrastwelt", als „durch die Bergpredigt begründete, d. h. gewaltlose Oppositionskirche" und „Sammlung für den entscheidenden Schritt ins Engagement". Nur folgerichtig, daß Finkenwalde rasch eine beträchtliche Ausstrahlung entfaltete; Gerüchte über ein Zentrum gefährlicher Schwärmer und katholische Infiltration machten die Runde, aber es kamen auch immer mehr Studenten, Pastoren, Künstler, um sich ernsthaft zu informieren – und so nebenher politische Neuigkeiten zu erfahren: In Finkenwalde wurde regelmäßig die Londoner *Times* gelesen.

Bonhoeffer bezeichnete in seinen Vorlesungen das alte Israel nicht nur hartnäckig als „Kirche" und bestand darauf, daß die Basis der Christengemeinden das Wort Christi sei und nicht „Blut und Boden", und die Seminaristen beteten in ihren Gottesdiensten nicht nur für politisch Verfolgte und KZ-Insassen: Als etwa 1936 ein junger Pastor jüdischer Abstammung in Brandenburg von SA-Leuten halbtot geschlagen wurde, holte ihn Bonhoeffer nach Finkenwalde, pflegte ihn gesund und leitete seine Emigration in die Wege.

Mit ihrer deutlich gezeigten Parteinahme brachten sich die „Brüder" oft genug in Gefahr. Die Polizei registrierte ihre Namen, räumte immer wieder einmal den Schriftentisch in der Kirche ab, Kollekten wurden beschlagnahmt, Denunzianten hinterbrachten dem zuständigen Landrat, da werde auf der Kanzel für Verbrecher in den Konzentrationslagern gebetet, man möge unverzüglich untersuchen, ob das Seminar vom Weltjudentum finanziert werde! Zum Konfirmandenunterricht, den ein Finkenwalder in einer benachbarten altmärkischen Ortschaft hielt, kamen in der zweiten Stunde nur noch drei Kinder; unvorsichtigerweise hatte er von alttestamentlichen Propheten erzählt, von Juden also, und das schien den Dörflern nicht geheuer.

Die Gestaltung eines gemeinsamen Lebens unter dem Wort sei keineswegs eine „Angelegenheit privater Zirkel“, sondern „eine der Kirche gestellte Aufgabe“, stellte Bonhoeffer in Finkenwalde klar. Deshalb sind seine damals entstandenen, weitverbreiteten, in Bekenntnisgemeinden vielgelesenen Bücher *Nachfolge* (1937) und *Gemeinsames Leben* (1939) weit mehr als eine Ermunterung zur brüderlichen Existenz, mehr auch als eine Kritik an unglaubwürdigen Lebensformen von Christen, vor allem von Pfarrern. Ihre gesellschaftliche Brisanz liegt in der Aufforderung, die im Evangelium so genannte „bessere Gerechtigkeit“ zu verwirklichen und sich einer vom Bösen bestimmten Politik zu verweigern: Kirche als Zentrum gewaltlosen, aber entschiedenen Widerstandes, mit der Bergpredigt als der „einzigen Kraftquelle, die den ganzen Zauber und Spuk in die Luft sprengen kann“.

Leitmotiv der aus einer Vorlesung hervorgegangenen *Nachfolge* ist die nüchterne Frage, warum die Kirche nicht mehr gehört wird, warum ihre Botschaft nicht mehr ankommt. Anders als viele seiner Kollegen damals wie heute macht Bonhoeffer nicht einfach den bösen Zeitgeist dafür verantwortlich: „Es ist doch nicht nur die Schuld der anderen, wenn sie unsere Predigt, die ja gewiß ganz allein Christuspredigt sein will, hart und schwer finden (...) es ist doch nicht wahr, daß jedes Wort, das sich heute gegen unsere Predigt richtet, schon eine Absage an Christus, Antichristentum ist. Wollen wir wirklich die Gemeinschaft mit denen verleugnen, deren es heute eine große Zahl gibt, die zu unserer Predigt kommen, sie hören wollen und doch immer wieder betrübt bekennen müssen, daß wir ihnen den Zugang zu Jesus zu schwer machen?“

Ob die kirchliche Verkündigung den Menschen zu schwere Lasten auf die Schultern lade, fragt Bonhoeffer selbstkritisch, ob man den von Jesus ausdrücklich gerufenen „Mühseligen und Beladenen“ nur noch härtere Gesetze aufbürde und sie damit von ihm forttreibe? „Quälerische, exzentrische Forderungen“, die bloß als frommer Luxus taugten, aber dem arbeitenden, sich um Brot und Beruf und Familie sorgenden Menschen als gottlose Versuchung erscheinen müßten? Sei die Kirche am Ende doch auf „geistliche Gewaltherrschaft" aus, auf Tyrannei über die Seelen – im Widerspruch zum Evangelium, das die Befreiung von Menschensatzungen und Bedrückung verkünde?

Weil Nachfolge aber „gnädiger Ruf, gnädiges Gebot" sei, die „Durchbrechung aller Gesetzlichkeiten durch die Gnade dessen, der ruft", weil sie eben keine Idee und kein Lehrsystem sei, sondern die Bindung an eine lebendige Person, darum werde sie nicht als Belastung empfunden und zwischen Gebot und Gnade gebe es keinen Gegensatz mehr.

Keine Belastung, kein menschenfeindlicher Erwartungsdruck voller Ängste und Zwänge – aber auch keine bürgerliche Laisser-faire-Religion, unverbindlich, bieder, anspruchslos. Klassisch geworden ist das Wort von der „billigen Gnade", mit dem Bonhoeffers *Nachfolge* beginnt: „Billige Gnade heißt Gnade als Schleuderware, verschleuderte Vergebung, verschleuderter Trost, verschleudertes Sakrament (...) Gnade ohne Preis, ohne Kosten (...) In dieser Kirche findet die Welt billige Bedeckung ihrer Sünden, die sie nicht bereut und von denen frei zu werden sie erst recht nicht wünscht. (...) Weil Gnade doch alles allein tut, darum kann alles beim alten bleiben."

„Es lebe also auch der Christ wie die Welt", so Bonhoeffers sarkastische Ermunterung, „er stelle sich der Welt in allen Dingen gleich und unterfange sich ja nicht – bei der Ketzerei des Schwärmertums! –, unter der Gnade ein anderes Leben zu führen als unter der Sünde!" O ja, Luther habe zu Recht empfohlen, „tapfer zu sündigen", aber doch nicht als Freibrief von Anfang an, sondern als grandiosen Trost für den, der bei aller Anstrengung doch einmal wieder falle und verzweifelt sei über seine Untreue; dem gelte Gottes barmherzige, teuer erkaufte Gnade.

„Teure Gnade": Menschwerdung Gottes, Vergebung für ein zerschlagenes Herz, Ruf in die Nachfolge. Keine Dispens vom Handeln, sondern ein Zurechtrücken der Maßstäbe: Der Mensch kann auch in seinen frömmsten Werken vor Gott nicht bestehen, wenn er dabei sich selbst sucht. Auf den Gehorsam Christus gegenüber kommt es an, auf die Gemeinschaft mit dem Gekreuzigten, der den Glaubenden ebenfalls zum Kreuzträger macht, zum „Träger von Sünde und Schuld für andere Menschen". Bonhoeffer: „Hier gehen wir nicht mehr unter selbstgemachten Gesetzen und Lasten, sondern unter dem Joch dessen, der uns kennt und der selbst mit unter dem Joch geht."

Dieser Ruf in die Nachfolge führt immer über den intimen, privaten Raum hinaus; der fleischgewordene Gott ruft in eine körperlich sichtbare Gemeinschaft. Die Gemeinde der Glaubenden ist in der Welt präsent, angreifbar, Zeugnis gebend, werbend, Widerstand leistend: „Der Widerspruch gegen die Welt muß in der Welt ausgetragen werden. (...) Es ist die Gestalt Christi selbst, der in die Welt kam und die Menschen in unendlicher Barmherzigkeit trug und annahm und sich doch der Welt nicht gleichstellte, sondern von ihr verworfen und ausgestoßen wurde."

In solchen harmlos pastoral klingenden Sätzen lag eine scharfe Kampfansage an das politische System, die Begründung für die passive, leidensbereite Verweigerung, aber auch für den aktiven Widerstand. Bonhoeffers auffallende Vorliebe für das Bild vom Kreuztragen, vom Mittragen fremder Not und Schuld („Nur als Last ist der Andere wirklich Bruder und nicht beherrschtes Objekt") beinhaltete gefährliche Konkretionen: etwa die Feindesliebe. „Ja, wer wäre denn der Liebe wert, wer bedürfte denn unserer Liebe mehr als der, der haßt?" predigte Bonhoeffer 1938 in Finkenwalde – zu einer Zeit, als der glühende Haß gegen Juden und Kommunisten, Franzosen und Engländer als Staatsbürgerpflicht verkündet wurde. „Hast du so deinen Feind schon einmal angesehen als den, der im Grunde bettelarm vor dir steht und dich bittet, ohne es selbst aussprechen zu können: Hilf mir, schenke mir das eine, was mir noch helfen kann aus meinem Haß, schenke mir Liebe, die Liebe Gottes, die Liebe des gekreuzigten Heilandes? Alles Drohen und Fäustezeigen kommt ja aus dieser Armut, ist im Grunde ein Betteln um Liebe Gottes, um Friede, um Brüderlichkeit."

Schreibverbot wegen König David

Brüderlichkeit als kämpferisches Gegenprogramm zur staatlich verordneten Ausgrenzung der „Artfremden" und „Andersrassigen"; da ließ die *Nachfolge* an Deutlichkeit nichts zu wünschen übrig: Kein Gesetz der Welt habe in diesem Zentrum christlichen Lebens etwas zu bestimmen, und die Liebe zum Bruder könne sich die Gemeinde „niemals mehr beschränken" lassen. „Wo die Welt den christlichen Bruder verachtet, wird der Christ ihn lieben und ihm dienen; wo die Welt ihm Gewalt tut, wird er helfen und lindern; wo die Welt ihn entehrt und beleidigt, wird er seine Ehre geben für die Schande des Bruders. (...) Verweigert die Welt Gerechtigkeit, so wird er Barmherzigkeit üben, hüllt sich die Welt in Lüge, so wird er seinen Mund für die Stummen auftun und für die Wahrheit Zeugnis geben. Um des Bruders willen, sei er Jude oder Grieche, Knecht oder Freier, stark oder schwach, edel oder unedel, wird er auf alle Gemeinschaft der Welt verzichten (...)"

Das war, im Stil der Paulus-Briefe, eine unmißverständliche Solidaritätserklärung mit jenen, die damals in Scharen in die Folterkeller der Gestapo und in die Todeslager wanderten. Bloß eine Spielerei mit biblischen Zitaten? Wie brisant schlichte theologische Selbstverständlichkeiten wirken konnten, zeigt das Schicksal von Bonhoeffers kleiner Einführung in die Psalmen, die er 1940 unter dem Titel *Das Gebetbuch der Kirche* veröffentlichte. Er hatte die Unverschämtheit besessen, als Titelbild die spätgotische Skulptur des Königs David vom Wormser Dom auszusuchen. Die versteckte Botschaft – Gott spricht durch jüdische Lieder und durch den Mund eines jüdischen Königs – verstand die allmächtige Reichsschrifttumskammer sehr wohl. Sie belegte Bonhoeffer wegen „Verstoßes gegen die Meldepflicht" mit 30 Reichsmark Ordnungsstrafe und untersagte ihm jede weitere schriftstellerische Betätigung. Als er mit der Begründung protestierte, seine Schriften hätten wissenschaftlichen Charakter und seien darum nicht meldepflichtig, wurde die Ordnungsstrafe aufgehoben, das Publikationsverbot blieb jedoch bestehen: Geistliche könnten „wegen überwiegender dogmatischer Bindung" nicht ohne weiteres als Wissenschaftler anerkannt werden.

Christus habe die Menschengestalt in ihrer ganzen Niedrigkeit angenommen und der Menschheit damit ihre Würde zurückgegeben, heißt es auf den letzten Seiten der *Nachfolge*. „Wer sich jetzt am geringsten Menschen vergreift, vergreift sich an Christus (...)" Und dann: „In der öffentlichen Schmach, im Leiden und im Tode um Christi willen gewinnt Christus sichtbare Gestalt in seiner Gemeinde. (...) Das Leben Jesu Christi ist auf dieser Erde noch nicht zu Ende gebracht. Christus lebt es weiter in dem Leben seiner Nachfolger."

Bonhoeffer hatte dazugelernt. Als er noch ein junger Wissenschaftler und Auslandspfarrer in Barcelona war, äußerte er sich skeptisch über die Anwendbarkeit der Bergpredigt auf das normale Christenleben: Jesus wandle da offenbar in „eisigen Höhen" einer „unerbittlichen Forderung". Jetzt verkündete er den unbedingt verpflichtenden Charakter dieser Botschaft und zog radikale Konsequenzen auch für das gesellschaftliche Engagement – wie er es ansatzweise bereits 1933 in seiner Christologie-Vorlesung getan hatte: Christus trete im „Incognito des Erniedrigten" auf, nicht in Glorie und Majestät, sondern in „Niedrigkeit" und „Schwachheit". Für die Kirche bedeute das einen revolutionären Standortwechsel und einen Bruch mit den gewohnten Geschichts- und Naturordnungen.

„Man kann nicht mehr, wie früher, in seiner bürgerlichen Existenz zugleich eine christliche Existenz führen", erläuterte Bonhoeffer bald darauf in einem Vortrag, den er auf einer Skandinavienreise hielt. Das Bekenntnis zu Christus bedinge die „Absage an alle anderen Götter dieser Welt".

Die tapfere Solidarität der Glaubenden untereinander als Basis und Kraftquelle für diese oppositionelle Existenz – das ist das Thema eines 1938 innerhalb weniger Wochen geschriebenen Erfahrungsberichts aus Finkenwalde, der von allen Büchern des Autors Bonhoeffer die meisten Auflagen verzeichnete: *Gemeinsames Leben.* Gerade war sein jüdischer Schwager nach England geflohen, sein anderer Schwager Hans von Dohnanyi beteiligte sich an den Vorbereitungen für einen Putsch, in der Bekennenden Kirche gab es Streit um einen Gebetstext, der angesichts der „Sudetenkrise“ die Abwendung der Kriegsgefahr zum Ziel hatte und ein Schuldbekenntnis des deutschen Volkes beinhaltete (und von der SS-Publikation *Das Schwarze Korps* prompt als „landesverräterisches Tun in geistlichem Gewand“ angeprangert wurde; Pflicht des Staates sei die „Ausmerzung dieser Verbrecher“).

Eine explosive Situation, in der Bonhoeffer den Wert der „Gemeinschaft unter dem Wort“ in Erinnerung brachte: „Der Christus im eigenen Herzen ist schwächer als der Christus im Worte des Bruders; jener ist ungewiß, dieser ist gewiß.“ Bonhoeffer blieb auch hier Realist. „Wer nicht allein sein kann, der hüte sich vor der Gemeinschaft“, warnte er und argumentierte, wer die Gemeinschaft nur suche, um vor sich selbst zu fliehen, der mißbrauche sie zum (möglicherweise fromm bemäntelten) Geschwätz und zur Zerstreuung. Und natürlich bedeute die christliche Bruderschaft („Geschwisterlichkeit“ würde er heute sicher sagen) keinesfalls immer eitel Wonne, nicht nur spirituellen Reichtum, sondern auch viel Schwäche und Kleinglauben. Wer von der perfekten Gruppe träume, der richte sein eigenes Gesetz und Tribunal auf, statt es Gott anheimzustellen, die Gemeinschaft wachsen zu lassen: „Er steht hart und wie ein lebendiger Vorwurf für alle anderen im Kreis der Brüder. (...) Was nicht nach seinem Willen geht, nennt er Versagen.“

Also keine erdrückende Forderung, sondern die Einladung, an einer von Gott geschenkten Wirklichkeit teilzuhaben. Bonhoeffer: „Wie der Christ sich nicht dauernd den Puls seines geistlichen Lebens fühlen soll, so ist uns auch die christliche Gemeinschaft von Gott nicht dazu geschenkt, daß wir fortgesetzt ihre Temperatur messen. Je dankbarer wir täglich empfangen, was uns gegeben ist, desto gewisser und gleichmäßiger wird die Gemeinschaft von Tag zu Tag zunehmen und wachsen nach Gottes Wohlgefallen.“

Diesem Wachsen der Nähe zu Gott und der Liebe untereinander dienten all jene Eigentümlichkeiten in Finkenwalde, die den christlichen Klostertraditionen abgeschaut waren und im Protestantismus ziemlich viel Stirnrunzeln erregten: etwa der durchstrukturierte Tagesrhythmus vom Lobpreis Gottes am frühen Morgen („Alle Finsternis und Verworrenheit der Nacht mit ihren Träumen weicht allein dem klaren Licht Jesu Christi [...] Das Gebet in der Frühe entscheidet über den Tag") über die Tischgemeinschaft am Mittag („Gott muß uns speisen") bis zur Abendandacht, wenn der Mensch seine Arbeit aus der Hand legt und Gott sein Werk tun läßt. „Ordnung und Einteilung unserer Zeit wird fester, wo sie aus dem Gebet kommt", gibt Bonhoeffer zu bedenken. „Entscheidungen, die die Arbeit fordert, werden einfacher und leichter, wo sie nicht in Menschenfurcht, sondern allein vor Gottes Angesicht gefällt werden."

Ungewöhnlich für ein evangelisches Predigerseminar auch der hohe Stellenwert der Meditation, was Bonhoeffer einmal mit einem Kierkegaard-Zitat illustriert hat: „So wie man das Wort eines lieben Menschen bewegt, es einem nachgeht. Kierkegaard: die Bibel lesen wie einen Liebesbrief." Beim Meditieren, so erläutert er in *Gemeinsames Leben,* gehe es eben nicht um den Rückzug auf sich selbst, sondern um die Konfrontation mit Gott: „Die Meditationszeit läßt uns nicht in die Leere und den Abgrund des Alleinseins versinken, sondern sie läßt uns allein sein mit dem Wort. (...) Wir setzen uns dem einzelnen Wort und Satz so lange aus, bis wir persönlich von ihm getroffen sind. (...) Es ist nicht nötig, daß wir in der Meditation neue Gedanken finden. Das lenkt uns oft nur ab und befriedigt unsere Eitelkeit. Es genügt vollkommen, wenn das Wort, wie wir es lesen und verstehen, in uns eindringt und bei uns Wohnung macht." Wer so meditiert, findet – hoffentlich – die Mitte wieder, beginnt auf festem Grund zu stehen, erhält Wegweisung für den verwirrenden Alltag.

Bonhoeffers Kritik an der fehlenden Nähe der Theologenausbildung und der Pfarrerexistenz zur Schrift mag dem Traditionsprotestantismus sauer aufgestoßen sein. Beschämend nannte er es, daß man sich gern auf die knappen Verse der täglichen „Losung" beschränke und die Heilige Schrift als „lebendiges Ganzes" nicht kenne. Und dann wagte er es auch noch, eine Renaissance der Beichte, im Gottesdienst und privat, zu fordern! Allgemeine Sündenbekenntnisse dienten häufig dazu, sich vor der wirklichen Auseinandersetzung mit persönlicher Schuld zu drücken. Verbindliche Nachfolge, aber auch die Heilung beschädigter sozialer Beziehungen beginne mit dem konkreten Bekenntnis, das bei Bonhoeffer in das Konzept der Bruderschaft eingeordnet ist: „Gott hat dir den Bruder geschenkt, der dir in der Not deiner Sünde helfen und dir vergeben kann in seinem Namen."

Warnung vor einem „Pazifisten und Staatsfeind"

Es überrascht nicht, daß die auf Ausgleich mit dem Hitler-Staat bedachten Führungsorgane der Reichskirche ein wachsames Auge auf den renitenten Theologen hatten. Auswärtiges Amt, Reichserziehungsministerium und das von Bischof Theodor Heckel geleitete Kirchliche Außenamt spielten sich dabei die Bälle zu. Als Bonhoeffer im Februar 1936 nach Schweden reiste, begriffen die staatlichen Behörden sofort, daß es dabei auch um das deutlich demonstrierte Interesse der Auslandsökumene am Finkenwalder Experiment und damit um den Schutz des bedrohten Seminars ging.

Sogleich informierte das Auswärtige Amt die deutsche Botschaft in Stockholm: „Das Reichs- und Preußische Ministerium für die kirchlichen Angelegenheiten sowie das Kirchliche Außenamt warnen vor Pastor Bonhoeffer, weil sein Wirken den deutschen Interessen nicht dienlich sei. (...) Über sein Auftreten und etwaige schwedische Pressestimmen bitte ich ergebenst zu berichten." Frech wie er war, machte Bonhoeffer beim deutschen Gesandten Fürst Victor zu Wied einen Höflichkeitsbesuch; der empfing ihn unter einem riesigen Hitlerbild und gab sich betont reserviert.

Theodor Heckel, der als „Auslandsbischof" ein positives Image der staatstreuen Reichskirche zu vermitteln suchte und sich darüber ärgerte, daß ihm dieser reiselustige Pastor ständig ins ökumenische Handwerk pfuschte, alarmierte die kirchlichen Behörden: Bonhoeffer sei durch seine Schwedenfahrt „sehr in das Licht der Öffentlichkeit gerückt", ließ er den Landeskirchenausschuß wissen. „Da der Vorwurf gegen ihn erhoben werden kann, daß er Pazifist und Staatsfeind ist, dürfte es angebracht sein, daß der Landeskirchenausschuß sich deutlich distanziert und Maßnahmen ergreift, daß nicht länger deutsche Theologen von ihm erzogen werden."

Das Räderwerk von Kirche und Staat griff reibungslos ineinander: Kaum hatte Heckel seine Drohung ausgesprochen, entzog das Reichserziehungsministerium dem Privatdozenten Bonhoeffer die Lehrerlaubnis.

Das war ein harter Schlag für den wegen seiner Originalität und Gedankentiefe beliebten Hochschullehrer. Doch die Wissenschaft allein hatte ihn ohnehin immer weniger befriedigt. Mehr Sorgen machte er sich deshalb um sein bespitzeltes und gefährdetes Finkenwalde. Im September 1937 schloß die Gestapo Seminar und Bruderhaus und versiegelte alle Türen. Der Reichsführer SS und Chef der deutschen Polizei, Heinrich Himmler, hatte die Auflösung sämtlicher „Ersatzhochschulen" der Bekennenden Kirche angeordnet, weil sie „das Ansehen und Wohl des Staates" gefährdeten.

Der erfinderische Dietrich Bonhoeffer führte die Ausbildung in einem „Sammelvikariat" weiter. Das heißt, zuverlässige Gemeindepfarrer in der Umgebung übernahmen die Kandidaten als Vikare, und der Unterricht wurde regelmäßig in leerstehenden Pfarrhäusern fortgesetzt. Oder auch in den ausgedienten Wirtschaftsgebäuden eines pommerschen Gutes mit Namen Sigurdshof; wenn es gerade keine Kohlen und kein Petroleum gab, saß man eben frierend bei Kerzenlicht zusammen.

Es war schon ein abenteuerliches Unterfangen. Insgesamt knapp 2000 Predigtamtskandidaten durchliefen diese illegalen Seminare und bereiteten sich auf eine ungewisse Zukunft vor; niemand wußte, ob er je eine Anstellung finden und ein Gehalt bekommen würde. Immer wieder wurden ehemalige Finkenwalder in Haft genommen, weil sie auf irgendeiner Kirchenkanzel die politisch Verfolgten in ihre Fürbitte eingeschlossen oder sich sonstwie mißliebig gemacht hatten. Bonhoeffer selbst wurde in der Wohnung des Bekenntnispfarrers Martin Niemöller arretiert, als die Gestapo dort wieder einmal Haussuchung hielt.

Unter bestimmten Voraussetzungen, so hatte Bonhoeffer schon 1933 gesagt, könnte es für die Kirche notwendig werden, „nicht nur die Opfer unter dem Rad zu verbinden, sondern dem Rad selbst in die Speichen zu fallen“. Aber während der Terror im eigenen Land immer schlimmer wütete und mit dem Überfall auf Polen auch Hitlers Eroberungspläne Wirklichkeit wurden, schien die Bekennende Kirche in der „inneren Emigration“ zu verharren.

Man traf sich in den kleinen Zirkeln der Unzufriedenen, wehrte Angriffe auf die Freiheit der Gemeinden ab, so gut es ging, und bemühte sich im übrigen, möglichst wenig aufzufallen. Bonhoeffer war enttäuscht. Anpassung an die Realitäten, Angst um die noch verbliebenen Rechte und Besitztümer begannen nun auch hier, wo er sich zu Hause gefühlt hatte, den Gehorsam gegenüber dem Evangelium zu verdrängen.

Hatte sich der „Führer“ nicht aufgeschlossen für die Klagen der Bekennenden Kirche gezeigt und den Reichsbischof Müller entmachtet, den Strohmann der *Deutschen Christen*? Bemühte sich sein neuernannter „Kirchenminister“ Hans Kerrl, ein bedächtiger Büroarbeiter, nicht redlich, die altbekannten Konfliktstoffe zu entschärfen? Hatte er nicht auch Vertreter der Bekennenden Kirche in die gerade installierten *Kirchenausschüsse* geholt? Daß dies nur raffinierte und letztlich unverbindliche Schachzüge waren, erkannten wenige.

Die vierte und letzte Bekenntnissynode in Bad Oeynhausen 1936 revanchierte sich für die scheinbare Liberalisierung der staatlichen Kirchenpolitik, indem sie den Kirchenausschüssen die Zusammenarbeit anbot und die Brandmarkung der vom Notkirchenregiment errichteten Predigerseminare als illegal hinnahm. Ein *Rat der Evangelisch-Lutherischen Kirche in Deutschland* wurde gebildet, der sich von den streng antinazistischen Bruderräten absetzte; diese wählten aus ihrer Mitte eine *Vorläufige Leitung der Deutschen Evangelischen Kirche,* die fortan als Sprecherin einer radikalen Minderheit auftrat. In einem Schreiben an den „Führer“ protestierte sie noch im selben Jahr gegen den „Zwang auf die Gewissen“ und lehnte es ab, Blut, Rasse, Volkstum und Ehre in den Rang von „Ewigkeitswerten" zu erheben.

Die Kirchenspaltung war vollzogen, Leute wie Bonhoeffer oder Niemöller wurden endgültig in die Isolation gedrängt. Der kantige Landpfarrer Paul Schneider in der weltentlegenen Hunsrück-Gemeinde Dickenschied zog sich den Haß der Braunen zu, als er in diesem Jahr 1936 die Reichstagswahl boykottierte – weil es keine echte Wahl sei, wenn nur mit „Ja" gestimmt werden könne – und beim Konfirmandenunterricht demonstrativ auf den *Deutschen Gruß* verzichtete. Seine kirchlichen Vorgesetzten vom Düsseldorfer Konsistorium hatten freilich nichts Eiligeres zu tun, als sich bei der Staatsgewalt für Schneiders „theologische Verbohrtheit" zu entschuldigen, „die wir schon oft zu beklagen hatten". Ein Jahr später kam Schneider in das KZ Buchenwald, wo er im Steinbruch schuften mußte. 1939 brachte ihn der Lagerarzt mit einer Überdosis Strophanthin um.

Liberalisierung? In einer Fürbittenliste vom September 1938 waren neben etlichen Verhaftungen fast 200 Ausweisungen, Reise- und Aufenthaltsverbote aufgelistet. Mißliebigen Pfarrern untersagte man das Betreten kirchlicher Gebäude, man hielt sie mit Reisebeschränkungen von Treffen der oppositionellen Gruppen fern oder verbannte sie aus ihren Gemeinden. 1935 mokierte sich die SS-Zeitschrift *Das Schwarze Korps* über als „Hallelujaknaben" getarnte Kommunisten:

> „Hier legst du bei den frommen Schäflein Moskaus Samen
> im Rotfrontkirchenkommunistenpfarrerbund,
> Doch sagste ‚Moskau', sag schnell ‚Amen' –
> und halt' die Bibel vor den Mund!"

Im Sommer 1936, als Deutschland zu den Olympischen Spielen in Berlin sein freundlichstes Gesicht aufsetzte, hatte ein wachsamer amerikanischer Tourist dort im Schaufenster einer Buchhandlung folgende Drohung gegen die Bekennende Kirche fotografiert:

„Nach der Olympiade
haun wir die B. K. zu Marmelade,
dann schmeißen wir die Juden raus,
dann ist die B. K. aus."

Als am 9. November 1938, in der *Reichskristallnacht,* überall in Deutschland die Synagogen brannten, jüdische Geschäfte geplündert wurden und jüdische Mitbürger verschwanden, zog Dietrich Bonhoeffer in seiner Bibel einen dicken Strich unter die Zeile des 74. Psalms „Sie verbrennen alle Häuser Gottes im Lande" und setzte ein großes Rufzeichen neben den nächsten Vers: „Unsere Zeichen sehen wir nicht, und kein Prophet predigt mehr, und keiner ist bei uns, der weiß, wie lange."

Die Bekennende Kirche schwieg (mit wenigen Ausnahmen) zu den Pogromen, wie sie auch zu den Kriegsvorbereitungen schwieg. Schließlich hatte die Reichskirchenregierung im selben Jahr alle Pfarrer zu einem Treueid auf Hitler verpflichtet. Die Bekennende Kirche war bereit, die Eidesleistung unter bestimmten Bedingungen zu akzeptieren – statt das Ansinnen komplett zurückzuweisen. Und die offizielle Deutsche Evangelische Kirche beeilte sich in ihrem Gesetzblatt zu versichern, der Nationalsozialismus führe Luthers Werk nach der weltanschaulich-politischen Seite hin fort und verhelfe dadurch zu einem „wahren Verständnis des christlichen Glaubens", der im „unüberbrückbaren religiösen Gegensatz zum Judentum" stehe. Ziel müsse die konsequente „Entjudung" der Kirche sein.

Bonhoeffer schämte sich für seine Amtsbrüder. Mit den Juden vertreibe man Christus aus dem Abendland, warnte er, denn Jesus Christus sei Jude gewesen. Unauslöschlich hat sich seinen Studenten sein erregter Ausruf eingeprägt: „Nur wer für die Juden schreit, darf auch gregorianisch singen!" Eine Christenheit, das wollte er damit sagen, die zur Verfolgung und Entrechtung eines ganzen Volkes schweige, habe das Recht verwirkt, Gott in schönen Hymnen zu loben.

Es ging um die Menschen, nicht um den Erhalt kirchlicher Bastionen – das erkannte dieser Pionier einer *Kirche für an-*

dere immer deutlicher: „Die Kirche ist nur Kirche, wenn sie für andere da ist." Eine nur für ihre Selbstbewahrung kämpfende Kirche, selbstzweckhaft auf das eigene Schicksal fixiert, sei nicht mehr fähig, Träger des erlösenden und versöhnenden Wortes für die Welt zu sein.

Dann bleibe ihr nur noch das Schuldbekenntnis, das Bonhoeffer in diesen Jahren auf erschütternde Weise formulierte: Die Kirche sei schuldig geworden am Leben der schwächsten und wehrlosesten Brüder Jesu Christi. „Sie bekennt ihre Furchtsamkeit, ihr Abweichen, ihre gefährlichen Zugeständnisse", schrieb er in seiner *Ethik*. „Sie war stumm, wo sie hätte schreien müssen, weil das Blut der Unschuldigen zum Himmel schrie."

„Man war ja vogelfrei"

Ein Jugendfreund Bonhoeffers erinnert sich noch an den gemeinsamen Konfirmandenunterricht. Als der Pastor fragte, was die jungen Herren sich denn unter der „Erbsünde" vorstellten, habe Dietrich wie aus der Pistole geschossen geantwortet: „Der Antisemitismus!"

Es war ungefähr um diese Zeit, als die eben gegründete NSDAP 1920 in ihr allererstes Parteiprogramm schrieb, „Volksgenosse" könne nur sein, wer „deutschen Blutes" sei. Und es dauerte noch ein paar Jahre, bis der erfolglose Kunstmaler Adolf Hitler in seinem wirren politischen Manifest *Mein Kampf* verkündete, menschliche Kultur sei „nahezu ausschließlich schöpferisches Produkt des Ariers" und ihr Untergang Folge einer „Blutvermischung". 1930 forderte die NSDAP-Reichstagsfraktion bereits ernsthaft die Todesstrafe für „Rassenschande".

Der Antisemitismus war freilich keine Erfindung der braunen Herrenmenschen. Aggressives Mißtrauen gegen die Juden mit ihrer eigenständigen Religion und ihren merkwürdigen Gebräuchen hatte die deutsche Geschichte seit Jahrhunderten begleitet und wucherte im Kaiserreich wie in der Weimarer Republik unter dem dünnen Firnis scheinbarer Toleranz weiter. Juden durften sich in der Armee für das Vaterland zum Krüppel schießen lassen, in das Offizierskorps wurden sie aber nicht aufgenommen. Sie konnten nicht Staatsanwälte werden und erlangten nur mit Mühe Zugang zu den Lehrberufen. Vor allem an den Universitäten verdichtete sich aller äußerlichen Assimilierung zum Trotz das antisemitische Klima; schon 1879 hatte der Berliner Historiker Heinrich von Treitschke das schreckliche Schlagwort „Die Juden sind unser Unglück" geprägt. In der Weimarer Republik machte man sie schließlich für alle Übel der Welt verantwortlich, für den verlorenen Krieg und die nationale Schande, für wirtschaftliche Not und beunruhigende kulturelle Veränderungen.

Dietrich Bonhoeffer hatte mit seinem wachen Gespür für gesellschaftliche Krisen schon sehr früh begriffen, welche Mechanismen hier walteten. Juden gehörten zu seinen Schulkameraden (das großbürgerliche Grunewaldviertel, wo er aufwuchs, hatte 1933 mit 13,54 Prozent den höchsten Judenanteil unter den Berliner Verwaltungsbezirken, und das Grunewald-Gymnasium hieß im Volksmund „Judenschule"). Im Konfirmandenunterricht schloß er Freundschaft mit Gerhard Leibholz – Protestant, aber aus jüdischer Familie –, der 1926 Dietrichs geliebte Zwillingsschwester Sabine heiratete. Leibholz wurde ein angesehener Staatsrechtler und erhielt schon mit 29 Jahren eine Professur. Er arbeitete über die Strukturen der Demokratie, lieferte gute Argumente für eine verfassungsrechtliche Stärkung der Parteien als Träger der Willensbildung des Volkes und warnte vor den Auswirkungen des von der NSDAP angestrebten Ermächtigungsgesetzes. Sein Schwager Dietrich hat von ihm nachweislich Respekt vor liberalen politischen Traditionen gelernt.

Bei den Bonhoeffers hatte kein Mensch irgendwelche Vorbehalte gegen den jüdischen Schwiegersohn geäußert. Das Klima von Rassenhysterie und Lynchjustiz erlebte man aber bald hautnah mit. Sabine erinnert sich in ihrer Familiengeschichte *Vergangen – erlebt – überwunden:* „Es gab Zeiten, wo ich bei jedem Klingeln nervös war, denn es wurden hin und wieder gegen Abend jüdische Menschen ‚besucht', und man erzählte auch, daß einige im Nachthemd durch die Straßen getrieben, andere abgeholt worden wären ... Man war ja vogelfrei."

Als ihr Mann im April 1933 – wenige Wochen nach Hitlers Machtübernahme – seine Vorlesung in Göttingen halten wollte, sei er daran gehindert worden: „Breitbeinig, wie nur diese SA-Männer stehen konnten, standen da ein paar Studenten in SA-Uniform in ihren hohen Stiefeln vor dem Vorlesungssaal und ließen niemanden herein. ‚Leibholz darf nicht lesen, er ist Jude. Die Vorlesungen finden nicht statt.' Gehorsam gingen die Studenten heim." Eine Menge Mitläufer habe es in Göttingen gegeben, weniger erfolgreiche Privatdozenten hätten ihre Chance gewittert, die in Ungnade gefallenen jüdischen Kollegen zu beerben. „Gottlob gab es auch einige anständige Männer unter den Professoren. (...) Der alte Örtmann, Professor für Zivilrecht, kam sofort, als mein Mann sein Amt verlor, um uns einen Besuch zu machen. ‚Herr Kollege, ich schäme mich, ein Deutscher zu sein', sagte er." 1938 gelang der Familie Leibholz die Emigration nach England. Nach Kriegsende kehrte sie nach Deutschland zurück; Bonhoeffers Schwager wurde Bundesverfassungsrichter.

Bonhoeffers zweiter jüdischer Weggefährte war sein Studienfreund Franz Hildebrandt, ein hochbegabter junger Theologe, dem sich jedoch wegen seiner Abstammung eine akademische Karriere ebenso verschloß wie die Pfarrerlaufbahn. Hildebrandt ging in der Familie Bonhoeffer ein und aus und war vor allem bei Dietrichs couragierter Großmutter gut gelitten. In London hat er eine Zeitlang mit Bonhoeffer im selben Pfarrhaus gelebt. Nach kurzer Tätigkeit als Assistent Niemöllers und Dozent an der Kirchlichen Hochschule Berlin wurde er 1937 inhaftiert, verließ danach Deutschland endgültig und wurde Flüchtlingspfarrer in Cambridge, Pastor in Edinburgh und Theologieprofessor im amerikanischen Madison, New Jersey.

Engen Kontakt hielt Dietrich Bonhoeffer schließlich seit Beginn der dreißiger Jahre zu seinem Schwager Hans von Dohnanyi (1926 hatte er Dietrichs Schwester Christine geheiratet), Sohn eines ungarischen Komponisten und als persönlicher Referent des Reichsjustizministers mit einem unschätzbaren Insiderwissen ausgestattet. Entsetzt über die Terrorpraktiken des Regimes, das alle rechtsstaatlichen Ideale mit Füßen trat, begann der lautere Jurist Dohnanyi bereits 1934 heimlich eine Dokumentation von Verbrechen der Regierung anzulegen, um beim angestrebten Umsturz den zögernden Militärs die Augen öffnen zu können. Außerdem wollte er Material für spätere Gerichtsverfahren gegen die führenden Nazis sichern. Goebbels' Anweisungen für Judenpogrome waren in dieser schaurigen Sammlung ebenso dokumentiert wie Morde in den KZs, die Behandlung von Kriegsgefangenen, die auf dem Polenfeldzug verübten Greuel, aber auch die regelmäßigen Devisenschiebereien von Gauleitern. Über geheime Kanäle unterrichtete Dohnanyi immer wieder Gefährdete über die drohenden Haussuchungen und Verhaftungen, und manchmal gelang es ihm auch, jüdischen Rechtsanwälten zu helfen.

1939 ließ sich der Reichsgerichtsrat Dohnanyi in die Spionageabwehr-Abteilung des Oberkommandos der Wehrmacht unter Admiral Wilhelm Canaris berufen, um hier zusammen mit General Hans Oster subversive Tätigkeit zu leisten (Oster hatte bereits 1938 einen Putsch geplant; 1940 informierte er den niederländischen Militärattaché in Berlin heimlich über den bevorstehenden deutschen Einmarsch). 1943 flog die Konspiration auf, Dohnanyi wurde verhaftet und 1945 in Sachsenhausen ermordet. Bonhoeffer und Dohnanyi tauschten ständig Nachrichten über die politische Entwicklung und den Kirchenkampf aus, Dohnanyi nutzte die guten Auslandskontakte seines Schwagers für den Widerstand, und er konnte auch die Freistellung etlicher „Finkenwalder" vom Wehrdienst erreichen.

Dietrichs Bruder Klaus, Jurist und Syndikus bei der Lufthansa, hielt ebenfalls Verbindung zu Widerstandskreisen. Ein weiterer Schwager, Rüdiger Schleicher (mit Ursula Bonhoeffer verheiratet), gab als Chef der Rechtsabteilung im Reichsluftfahrtministerium Informationen weiter und wurde noch im April 1945 als Verschwörer erschossen.

Allen Angehörigen dieses weitverzweigten Freundeskreises war die hohe Achtung vor dem liberalen Rechtsstaat gemeinsam und die Bereitschaft, die Rechte des Individuums gegen die völkische Diktatur zu verteidigen. Ihr Widerstand war ein bürgerlicher und ihre Ideenwelt „nationalkonservativ", aber von den Wertvorstellungen des Nationalsozialismus waren sie meilenweit entfernt, auch wenn man diesen Gruppen heute gern vorwirft, zumindest zeitweise und partiell mit der Tyrannei sympathisiert zu haben, gegen die sie opponierten.

Bonhoeffer zum Beispiel hielt die Massen für extrem verführbar und schätzte deshalb die öffentliche Meinungsbildung ebenso gering wie demokratische Kontrollmechanismen (wie Christoph Strohm in einer profunden Studie über Bonhoeffers gemeinsamen Weg mit den Juristen Dohnanyi und Leibholz herausgefunden hat). Aber er erkannte doch sehr genau im illiberalen, totalitären, aggressiven Charakter des NS-Staates die eigentliche Gefahr für Bürgerrechte und Menschenwürde. Strohm: „Bezeichnend ist, daß Bonhoeffer den Vorwurf der mangelnden staatlichen Autorität, wie ihn die rechten Kritiker der Republik gegen den angeblichen liberalen ‚Nachtwächterstaat' erhoben hatten, gegen den neuen, nationalsozialistischen Staat wendet. Nicht der liberale, sondern der totale gefährdet seine Staatlichkeit durch ein Zuwenig an Recht und Ordnung."

Zum andern einte den Kreis um Bonhoeffer, Leibholz, von Dohnanyi das prägende Erlebnis der Judenverfolgung, die ihnen die ganze Unvernunft und Unmenschlichkeit der braunen Heilslehre vor Augen geführt hatte. Schon für Bonhoeffers Familie war der Umgang der Nazis mit jüdischen Mitbürgern der entscheidende Anlaß gewesen, auf Distanz zum neuen Staat zu gehen. Sein Vater Karl betrachtete den ständig wutschäumenden, demagogische Reden führenden Hitler ohnehin durch die Brille des Psychiaters, zunächst amüsiert, dann angewidert. Mit seinen jüdischen Assistenten mag er sich über mögliche Diagnosen unterhalten haben.

Nicht alle Hitlergegner waren automatisch Judenfreunde; in der konservativen Opposition (und sogar in Teilen der Linken) war die Meinung verbreitet, die Juden hätten zuviel Einfluß und der Staat müsse die „Judenfrage" irgendwie lösen. Wie das die Nazis bewerkstelligen wollten, mit Gewalt und Mord und später mit einem kompletten Ausrottungsprogramm, das fand man allerdings schockierend. Die streng rechtsstaatlich denkenden Juristen um Bonhoeffer fühlten sich erst recht abgestoßen. Hans von Dohnanyi lehnte schon 1937 die „rassische Haltung" des Nationalsozialismus als für einen Christen unannehmbar ab. Rüdiger Schleicher gab vor der Gestapo zu Protokoll, vor allem die „scharfen Entjudungen" und die Maßnahmen gegen politische Gegner hätten ihn zu einem Nazi-Gegner gemacht. Ähnlich äußerte sich General Oster 1945 vor dem SS-Standgericht, das ihn zum Tod verurteilte.

„Gott wurde Mensch im Volke Israel"

Die Judenverfolgung war für Dietrich Bonhoeffer das entscheidende Motiv, Widerstand gegen den Nationalsozialismus zu leisten. Wie die Beispiele aus Familie und Freundeskreis zeigen, war er nicht der einzige, dem es so ging. Bei ihm kam allerdings noch ein entschlossener Denkprozeß hinzu, der ihn schon früh zu damals beispiellosen theologischen Erkenntnissen über die untrennbare Verbindung zwischen Christenglauben und dessen jüdischer Wurzel führte. „Der Judengott ist auch der Gott des Neuen Testamentes", erläuterte er bereits im Wintersemester 1932/33 seinen Berliner Studenten (zu einer Zeit, als die *Deutschen Christen* Jesus zur germanischen Lichtgestalt umfunktionierten). Das christliche Gottesbild wurzle ganz entscheidend im jüdischen, denn hier sei der Abstand zwischen Schöpfer und Geschöpf gewahrt, während das „heidnisch-griechische Denken" diese Grenze mißachte.

„Die Geschichte quält sich mit der unmöglichen Erfüllung entarteter messianischer Verheißungen", gab er seinen Hörern damals zu bedenken, mit verwegener Ironie die Propagandasprache der Nazis aufnehmend. „Nur an einer Stelle bricht sich der Gedanke, daß der Messias nicht anschauliche und vorfindliche Mitte der Geschichte sein kann, sondern von Gott gesetzte und verborgene Mitte sein muß, eine Bahn gegen den Strom entarteter Messianismen. Das ist in Israel. Mit seiner prophetischen Hoffnung steht es allein unter den Völkern. Und Israel wird der Ort, an dem Gott seine Verheißung erfüllt."

Härter, eindeutiger konnte man wohl nicht auf Konfrontationskurs gehen in jenen Jahren, als Hitler in Lesebüchern und Hymnen als von Gott aus der Mitte des deutschen Volkes erweckter Heilbringer gepriesen wurde und die Kinder im Rheinland ein neues Tischgebet lernten:

„Führer, mein Führer, von Gott mir gegeben,
beschütz' und erhalte noch lange mein Leben!
Hast Deutschland gerettet aus tiefster Not,
Dir danke ich heute mein täglich Brot.
Bleib noch lange bei mir, verlaß mich nicht,
Führer, mein Führer, mein Glaube, mein Licht!"

Im Finkenwalder Seminar pochte Bonhoeffer hartnäckig auf die – von Paulus im Römerbrief begründete – bleibende Heilszusage Gottes an die Juden, die von ihrer Zurückweisung des Evangeliums nicht berührt werde. Wenn es eine „Verstockung" des Volkes Israel gebe, dann komme ihm gerade darin eine Stellvertreterfunktion zu, eine Art solidarisches Leiden für die „Heiden". 1935 stellte er im Rahmen der Bibelarbeit klar: „Das Volk Israel wird das Volk Gottes bleiben in Ewigkeit, das einzige Volk, das nicht vergehen wird, denn Gott ist sein Herr geworden."

In dem Katechismusentwurf für Konfirmanden, den er seinen Seminaristen mitgab, setzte er solide theologische Information gegen die jahrhundertealten antijüdischen Klischees und die zeitgenössische Hetzpropaganda: Verantwortlich für den Tod Jesu seien lediglich die Schriftgelehrten und staatlichen Behörden jener Tage. Ohne die Römer hätte die Kreuzigung nicht durchgeführt werden können. Alttestamentliches Gesetz und neutestamentliches Evangelium ergänzten einander. Und Jesus könne nie und nimmer als „Arier" vereinnahmt werden: „Gott wurde Mensch im Volke Israel. (...) Jesus Christus war Jude aus dem Stamme Davids."

Von seinem Schwager Hans von Dohnanyi hatte Bonhoeffer erfahren, daß die Nazis ein „Gesetz zur Wiederherstellung des Berufsbeamtentums" vorbereiteten, um Juden und politische Gegner aus ihren Stellungen drängen zu können. Sogleich reagierte er mit einem Grundsatzartikel *Die Kirche vor der Judenfrage,* der die Diskussion in kirchlichen Kreisen anstoßen sollte und dessen Thesen er Anfang April 1933, wie wir schon wissen, einer Versammlung von Pfarrern vortrug. Die zentrale Aussage: „Die Kirche ist den Opfern jeder Gesellschaftsordnung in unbedingter Weise verpflichtet, auch wenn sie nicht der christlichen Gemeinde zugehören."

Ein Held war Bonhoeffer nicht immer, auch das wissen wir bereits: Am 11. April starb der Vater seines Schwagers und Freundes Gerhard Leibholz. Seine Geschwister drängten ihn, die Beerdigung zu übernehmen – der Verstorbene hatte sich zwar nicht taufen lassen, war seiner Glaubenstradition aber offenbar schon lange entfremdet –, doch mit sonst ungewohnter Vorsicht fragte Dietrich erst einmal bei seiner vorgesetzten kirchlichen Behörde an. Diese riet ihm natürlich davon ab, jetzt ausgerechnet einem Juden die Trauerfeier zu halten.

Aus London schrieb Dietrich seinem Schwager ein halbes Jahr später voller Selbstvorwürfe, er bereite gerade die Predigt für den Totensonntag vor und werde über den Satz aus der Weisheit Salomos „aber sie sind im Frieden" sprechen. „Er wäre auch damals für Deinen Vater schön gewesen. Es quält mich jetzt immer wieder mal, daß ich damals nicht ganz selbstverständlich Deiner Bitte gefolgt bin. Ich verstehe mich offen gestanden selbst gar nicht mehr. Wie konnte ich damals nur so grauenhaft ängstlich sein? Ihr habt es gewiß auch gar nicht recht verstanden und nur nichts gesagt. Aber mir geht es nun ganz gräßlich nach, auch weil es gerade etwas ist, was man nie wieder gutmachen kann."

Mutiger verhielt er sich zweieinhalb Jahre später, als die *Vorläufige Leitung* der Bekennenden Kirche eine im Stil respektvolle, in der Sache aber beinharte Denkschrift an Adolf Hitler beriet. Die Gewaltmaßnahmen gegen kirchliche Jugend- und Pressearbeit waren hier genauso penibel aufgelistet wie die allgemeine Rechtsunsicherheit, Wahlfälschungen, Willkürmaßnahmen der Gestapo, die jeder Rechtsstaatlichkeit widersprechende Praxis der Konzentrationslager – und der Judenhaß. Der Text trug unverkennbar die Handschrift Bonhoeffers, und er war es auch, der – nachdem das von Hitler niemals beantwortete Papier durch eine Indiskretion bekannt geworden war und mehrere seiner Weggefährten im KZ gelandet waren – die Auslandsökumene informierte, auf einer Konferenz des *Ökumenischen Rates der Kirchen* im schweizerischen Chamby.

Während sich die Bekennende Kirche mit dem Vorwurf des Hochverrats herumschlagen mußte, verlasen ein paar kühne Pfarrer eine Kurzfassung der Denkschrift auf der Kanzel, und sie wurde auch als Flugblatt vertrieben. Die auf dem Höhepunkt ihrer innen- und außenpolitischen Erfolge derart gedemütigten Nazis rächten sich auf ihre Weise: Der Kanzleichef der *Vorläufigen Kirchenleitung,* Friedrich Weißler, ein protestantischer Jurist jüdischer Herkunft, wurde im „Bunker" des KZ Sachsenhausen zu Tode geprügelt und getreten.

Für Bonhoeffer nur ein Mosaikstein mehr in seinem Lernprozeß, der ihn dazu führte, in den geschundenen und ermordeten Opfern Christus selbst zu entdecken: den Juden Jesus, den sie genauso verfolgt hätten. Anfangs – in dem erwähnten Grundsatzartikel 1933 – hatte er das Schicksal der Juden noch mit einem „Fluch" in Verbindung gebracht und von der „Bekehrung Israels zu Christus" das Ende dieser ewiglangen Leidensgeschichte erwartet. Doch dann begriff er immer klarer, daß Gott seinen eigenen Weg mit diesem Volk gehen wollte. In seinen Finkenwalder Vorlesungen stellte er die „Kirche des Alten Testaments" neben die „Kirche des Neuen Testaments" – aber nicht als mißratene Schwester, der man die reumütige Rückkehr ins Vaterhaus predigen müsse, sondern sozusagen als gleichberechtigten Zwilling, der zu achten und zu lieben sei: „Es ist ein und dieselbe Kirche, ein Gott, der sie berufen hat, ein Glaube an das eine Wort."

Noch deutlicher die Formulierungen in seinem Fragment *Ethik* Anfang der vierziger Jahre: „Weil aber Jesus Christus der verheißene Messias des israelitisch-jüdischen Volkes war, darum geht die Reihe unserer Väter hinter die Erscheinung Jesu Christi zurück in das Volk Israel. Die abendländische Geschichte ist nach Gottes Willen mit dem Volk Israel unlöslich verbunden, nicht nur genetisch, sondern in echter unaufhörlicher Begegnung. Der Jude hält die Christusfrage offen. (...)

Eine Verstoßung d. Juden aus dem Abendland muß die Verstoßung Christi nach sich ziehen; denn Jesus Christus war Jude." In der Tegeler Gefängniszelle las er die hebräische Bibel mehrmals nacheinander und wehrte sich leidenschaftlich gegen die gängige Einschätzung, das „Alte" Testament sei nur eine glanzlose Vorstufe des Neuen: „Es ist ja ein und derselbe Gott."

Der jüdische Theologe Pinchas Lapide konnte den christlichen Märtyrer Bonhoeffer angesichts all dieser Zeugnisse nur erschüttert als „Pionier und (...) Vorläufer einer schrittweisen Re-Hebraisierung der Kirchen in unseren Tagen" rühmen.

Der Ernstfall des Glaubens

Für Bonhoeffer war klar, daß die Haltung zu den verfolgten Landsleuten Jesu für den einzelnen Christen und die ganze Kirche den *status confessionis* darstellte, wie Protestanten zu sagen pflegen, den Ernstfall des Glaubens, wo nur noch eine einzige Entscheidung möglich ist. Mit der Haltung zu den Juden stand und fiel die Glaubwürdigkeit des Christentums. „Hier wird wahrscheinlich die Entscheidung fallen, ob wir noch Kirche des gegenwärtigen Christus sind", schärfte er schon im September 1935 seinen Finkenwalder Pfarramtskandidaten ein.

Wenige Tage danach wurden die *Nürnberger Gesetze* erlassen: „Reichsbürgerschaft" nur für Arier. Verbot der Eheschließung und geschlechtlicher Beziehungen zwischen Juden und „Deutschblütigen". Weitere Verdrängung der Juden aus dem öffentlichen Dienst und den besseren Berufen. Doch sogar die Synode der Bekennenden Kirche in Berlin-Steglitz sagte zu dieser Bankrotterklärung des Rechtsstaats kein einziges Wort. Bischof Hans Meiser aus Bayern warnte seine Amtsbrüder, eine Beschäftigung mit den *Nürnberger Gesetzen* bedeute lediglich „selbstverschuldetes Martyrium".

Warum hätten die kirchlichen Institutionen ihr wenig glanzvolles Lavieren zwischen Anpassung und Widerstand auch ausgerechnet um der Juden willen aufgeben sollen? Seit mittelalterliche Bildhauer die sieghaft-strahlende Kirche der gedemütigten Synagoge mit den verbundenen Augen gegenübergestellt hatten, wurde der erste, größere Teil der Bibel verächtlich ignoriert oder listig vereinnahmt. Die religiös begründete Überzeugung von der gleichen Würde eines jeden Menschen hatte all die Jahrhunderte mit Konkurrenzgefühlen und Abgrenzungsbedürfnissen gegenüber den „älteren Geschwistern" zu kämpfen, mit denen man die Bibel teilte, den Glauben an den Schöpfergott und, fatalerweise, den Messias, den seine jüdischen Brüder zum Teil abgelehnt hatten.

Damit – und gewiß auch mit allgemeinmenschlichen Fremdenängsten und Sündenbockmechanismen – erklärt sich die ambivalente Beziehung der Christen zu den Juden, die noch längst nicht bereinigt war, als die Nazis ihr Verdrängungs- und Ausrottungsprogramm in die Tat umzusetzen begannen. Daß Christen ihre eigene Religion erst dann voll verstehen und leben können, wenn sie deren jüdische Wurzeln kennen, daß die hebräische Bibel und das „Neue" Testament eine untrennbare Einheit bilden, daß Gottes Bund mit Israel nie gekündigt worden ist und daß Juden und Christen gemeinsam daran teilhaben – das hat eine mutige Vorhut von Jesusjüngern erst in den letzten Jahrzehnten begriffen.

Sie erinnern sich daran, wie eindringlich der Judenchrist Paulus seine Glaubensbrüder in Rom gewarnt hat, sich über die anderen Zweige des Baumes zu erheben: „Nicht du trägst die Wurzel, sondern die Wurzel trägt dich." Glaube an den einen, treuen, persönlichen Gott, Schöpfungstheologie, Respekt vor dem Menschen, dem Ebenbild Gottes, Hoffnung auf eine gute Zukunft, Verpflichtung zum Engagement für eine gerechte Welt, Hoffnung auch für die Toten, die nicht vergessen sind, sondern von Gott zum Leben auferweckt werden – alles jüdisches Glaubenserbe, das die Christen nicht bedroht, sondern bereichert und befruchtet. Keine feindselige Konkurrenz, sondern gemeinsames Warten auf den großen Tag Gottes.

Damals freilich waren solche Einsichten Mangelware. Als sich am 1. April 1933 überall im Deutschen Reich SA-Schläger vor jüdischen Geschäften, Warenhäusern, Arztpraxen und Rechtsanwaltskanzleien postierten, Hakenkreuze auf Türen und Schaufenster malten und Kunden mit Gewalt am Betreten hinderten, verteidigte Generalsuperintendent Otto Dibelius (nach dem Krieg Bischof und Ratsvorsitzender der *Evangelischen Kirche in Deutschland*) den flächendeckenden Boykott in einer für das Ausland bestimmten Rundfunkrede: „Die Kirche kann und darf den Staat nicht daran hindern, mit harten Maßnahmen Ordnung zu schaffen!"

Im Dezember 1941 warfen führende Kirchenleute im *Thüringer Kirchenblatt* den Juden vor, als „die geborenen Welt- und Reichsfeinde" den Weltkrieg angezettelt zu haben. Zur selben Zeit forderte die Berliner Kirchenkanzlei dringend dazu auf, die „getauften Nichtarier" aus dem kirchlichen Leben der deutschen Gemeinden auszuschließen – was die Kirchenführungen in Sachsen, Schleswig-Holstein, Nassau-Hessen und etlichen anderen „Gauen" dann auch taten.

Gegen diese Praxis wandte sich freilich die Bekennende Kirche mit einer Kanzelabkündigung. Es gab rühmliche Ausnahmen von der allgemeinen Hetze, etwa jene schon zitierte Denkschrift der *Vorläufigen Kirchenleitung* von 1936 an Hitler, die dem Rassenhaß das Gebot der Nächstenliebe entgegensetzte und klarstellte: „Wenn der arische Mensch verherrlicht wird, so bezeugt Gottes Wort die Sündhaftigkeit aller Menschen." Noch 1943 erklärte sich die Bekenntnissynode der Altpreußischen Union solidarisch mit den „nicht-arischen Mitchristen"; sie auszuschließen, verstoße gegen Glauben und Kirchenrecht.

Währenddessen saßen in Jena, Eisenach und Heidelberg in Ehren ergraute Theologieprofessoren über Bücherbergen und entwarfen merkwürdige Glaubensbekenntnisse für ein Institut, das sich die „Erforschung und Beseitigung des jüdischen Einflusses auf das kirchliche Leben des deutschen Volkes" zum Ziel gesetzt hatte. Chef des Instituts war der hochangesehene Neutestamentler Walter Grundmann, NSDAP-Mitglied seit 1930, der sein Professorenleben der Frohen Botschaft vom Juden Jesus und den von Juden geschriebenen Evangelien und Apostelbriefen gewidmet hatte und seinen Landsleuten dennoch seelenruhig empfahl:

„Ein gesundes Volk muß und wird das Judentum in jeder Form ablehnen (...) Deutschland hat die geschichtliche Rechtfertigung (...) zum Kampf gegen das Judentum auf seiner Seite."

Deutlicher wurde der Reichsführer SS Heinrich Himmler, der Tiere liebte und sich darum sorgte, wie seine Erschießungskommandos die nervliche Belastung bei Massenhinrichtungen auszuhalten vermochten: „Jene biologisch scheinbar völlig gleichgeartete Naturschöpfung mit Händen, Füßen und einer Art Gehirn, mit Augen und Mund, ist doch eine ganz andere, eine furchtbare Kreatur, ist nur ein Wurf zum Menschen hin, mit menschenähnlichen Gesichtszügen – geistig, seelisch jedoch tiefer stehend als jedes Tier. (...) Untermensch – sonst nichts!"

4
Geheimagent im Ausland: Ein Pastor lernt das Verschwörerhandwerk

„Die Frage ist nicht, wie ich mich heroisch aus der Affäre ziehe, sondern wie eine kommende Generation weiterleben soll"

Während eines mehrwöchigen Aufenthalts in den USA stand Bonhoeffer wieder einmal vor der Frage, ob er fliehen, emigrieren, die scheinbar rettungslos verlorene Heimatfront verlassen sollte. Die Freunde in Amerika rieten ihm alle, hier zu bleiben, zu Hause hatte er sich schon viel zu sehr als Regimegegner exponiert. Aber brauchte Deutschland nicht gerade in dieser Situation anständige Menschen? Es war Juni 1939, und die Zeichen standen auf Krieg. „Die letzte verantwortliche Frage", schrieb er, „ist nicht, wie ich mich heroisch aus der Affäre ziehe, sondern wie eine kommende Generation weiterleben soll".

Bonhoeffer befand sich in einem vertrackten Gewissenskonflikt: 1939 stand die Einberufung seines Geburtsjahrgangs (1906) an, und er persönlich hielt es für unmöglich, „unter den gegebenen Umständen" an einem Krieg teilzunehmen. Die Bekennende Kirche habe zur Frage der Kriegsdienstverweigerung allerdings keine bestimmte Haltung eingenommen, und er kenne nur sehr wenige Leute, die seinen Standpunkt teilten. „So würde ich meinen Brüdern einen ungeheuren Schaden zufügen", erläuterte er seinem Freund, Bischof George Bell von Chichester, in einem Brief, „wenn ich an diesem Punkt Widerstand leistete, was von dem Regime als typisch für die Feindseligkeit unserer Kirche gegen unseren Staat angesehen werden würde." Für die Bekennende Kirche hätte die Kriegsdienstverweigerung eines ihrer führenden Exponenten in dem allgemeinen patriotischen Begeisterungstaumel in der Tat verheerende Folgen gehabt.

„Ich hätte nicht für möglich gehalten", notierte er in sein

Tagebuch, „daß man in meinem Alter nach so vielen Jahren im Ausland so qualvolles Heimweh kriegen kann (...) Diese Untätigkeit bzw. Tätigkeit an gleichgültiger Stelle ist uns wohl einfach nicht mehr erträglich im Gedanken an die Brüder und die kostbare Zeit. Die ganze Wucht der Selbstvorwürfe wegen einer Fehlentscheidung kommt wieder auf und erdrückt einen fast."

Bonhoeffer verließ sein sicheres Refugium im New Yorker *Union Theological Seminary* und kehrte nach Deutschland zurück. Die Gründe hatte er dem New Yorker Theologieprofessor Reinhold Niebuhr erläutert, der ihm dort gern einen Lehrauftrag vermittelt hätte: „Ich werde kein Recht haben, an der Wiederherstellung des christlichen Lebens nach dem Kriege in Deutschland mitzuwirken, wenn ich nicht die Prüfungen dieser Zeit mit meinem Volke teile. (...) Die Christen in Deutschland stehen vor der furchtbaren Alternative, entweder in die Niederlage ihrer Nation einzuwilligen, damit die christliche Zivilisation weiterleben könnte, oder in den Sieg und damit die Zerstörung unserer Zivilisation. Ich weiß, welche dieser Alternativen ich zu wählen habe; aber ich kann diese Wahl nicht treffen, während ich in Sicherheit bin."

Der Heimgekehrte und nun wieder Gefährdete wurde Visitator der Bekennenden Kirche in den ostpreußischen Gemeinden. Nach einer Razzia der Gestapo – man hatte ihn mit Studenten bei einer verbotenen Bibelstunde erwischt – erhielt er erneut Rede- und Schreibverbot wegen „volkszersetzender Tätigkeit".

Der Weg in den Untergrund

Mit Reden und Schreiben wollte sich der Vierunddreißigjährige zu diesem Zeitpunkt jedoch ohnehin nicht mehr zufriedengeben. Nach den erfolgreichen Blitzkriegen gegen Polen und Frankreich schien Hitlers Position unanfechtbar. In der Wehrmacht waren die anfänglichen oppositionellen Regungen erlahmt; der triumphale deutsche Einmarsch in Paris hatte die Umsturzpläne einer Gruppe um Oster, Dohnanyi und den Münchner Rechtsanwalt Josef Müller (der über den

Vatikan Kontakt zu den Briten hielt, 1943 ins KZ gebracht wurde und später die CSU mitgründete) ad absurdum geführt. Bonhoeffer wußte von diesen Plänen.

Die damalige Atmosphäre hat sein vertrauter Freund Eberhard Bethge festgehalten: Am 17. Juni 1940 hatte Dietrich in Memel auf einer Pfarrkonferenz gesprochen, und jetzt saßen die beiden in einem „Kaffeegarten" auf der Nehrungsspitze gegenüber der Stadt. „Wir waren mit der Fähre an U-Boot-Mutterschiffen und Minensuchbooten vorbeigekommen. Stalin hatte am Tag zuvor den baltischen Staaten ein Ultimatum gestellt, aber die Aufmerksamkeit der Welt konzentrierte sich auf Hitlers Siege in Frankreich."

„Während wir die Sonne genossen", erzählt Bethge weiter, „dröhnte plötzlich aus den Lautsprechern des Lokals das Fanfarensignal für eine Sondermeldung: Frankreich hat kapituliert, hieß die Botschaft. Die Leute ringsum an den Tischen wußten sich kaum zu fassen; sie sprangen auf, einige stiegen gar auf die Stühle. Mit vorgestrecktem Arm sangen sie ‚Deutschland, Deutschland über alles' und ‚Die Fahne hoch'. Auch wir waren aufgestanden. Bonhoeffer hob den Arm zum vorgeschriebenen Hitlergruß, während ich wie benommen danebenstand. ‚Nimm den Arm hoch! Bist du verrückt?' flüsterte er mir zu, und hinterher: ‚Wir werden uns jetzt für ganz andere Dinge gefährden müssen, aber nicht für diesen Salut!'"

Zum einen bedeuteten die ersten Kriegsjahre eine Schonfrist für die Kirchen. Man brauchte alle Kräfte für die Front und konnte sich keine zusätzlichen Auseinandersetzungen im Innern leisten. (Im Führerhauptquartier verkündete Hitler seinen Vertrauten freilich unverblümt, wenn der Krieg zu Ende sei, werde er seine letzte Lebensaufgabe in der Lösung des „Kirchenproblems" sehen: „Der größte Krebsschaden sind unsere Pfarrer beider Konfessionen! Ich kann ihnen jetzt die Antwort nicht geben, aber das kommt alles in mein großes Notizbuch. Es wird der Moment kommen, wo ich mit ihnen abrechne ohne langes Federlesen." Es sind auch genug interne Parteidokumente erhalten, in denen ebenso offen über die Liquidierung des Christentums nach dem erwarteten „Endsieg" nachgedacht wird.)

Die offiziellen Kirchenführer ihrerseits ließen sich allzugern von der allgemeinen Hochstimmung mitreißen. Zum Erntedankfest 1939, Polen war gerade niedergeworfen, ließ der *Geistliche Vertrauensrat,* der die mittleren Strömungen im Protestantismus repräsentierte, auf den Kanzeln die Erklärung verlesen, Gott habe „unser deutsches Volk in diesem Jahr noch mit einer anderen, nicht weniger reichen Ernte gesegnet". Die „Brüder und Schwestern in Polen" seien endlich von allen Bedrängnissen „erlöst". Gottes Güte sei es zu danken, „daß uralter deutscher Boden zum Vaterland heimkehren durfte (...) Wir loben Dich droben, Du Lenker der Schlachten, und flehen, mögst stehen uns fernerhin bei."

Bischöfe und Pfarrer schickten dem „größten Feldherrn aller Zeiten" Glückwunschtelegramme, riefen zum Gebet für den Sieg über den gottlosen Bolschewismus auf und drückten die Augen zu, wenn die unteren Parteigliederungen wieder einmal in die brutalen Praktiken der Christenverfolgung zurückfielen.

Denn hinter der harmonischen Fassade – das ist die andere Seite dieser Jahre – tobte der Terror, erreichten die Strategien der Gleichschaltung und Ausrottung eine immer höhere Perfektion. Massenweise wurden die Juden in die Gettos und Vernichtungslager deportiert. Allein im Zuge des Polenfeldzugs fielen den Nazis nach zuverlässigen Berechnungen von Christine-Ruth Müller rund zwei Millionen Juden in die Hände. Anfangs wurde zwar noch über ihre Zwangsaussiedlung nach Madagaskar oder Rußland diskutiert, doch spätestens, als sich der Krieg gegen die Russen in die Länge zog, erschien den Nazi-Gewaltigen die physische Vernichtung der jüdischen „Rasse" als einzig akzeptabler Weg. Hitler ließ beim Überfall auf Polen übrigens bereits einheimische „Aufständische" auf der Stelle erschießen, ohne Gerichtsverfahren, womit er nicht nur das Völkerrecht brach, sondern auch zum letzten Mal einen entschiedenen Protest der Wehrmachtsführung provozierte.

1941 begegnete Bonhoeffer auf den Berliner Straßen verängstigt dahinhuschenden Gestalten, auf deren Mänteln und Kleidern weithin sichtbar ein gelber Stern prangte: Menschen, gebrandmarkt als Ausgestoßene, gekennzeichnet als Freiwild. Eine gute Freundin der Familie, Jüdin, 68 Jahre alt, erhielt den Räumungsbescheid und die Aufforderung, sich am soundsovielten zur Deportation nach Theresienstadt einzufinden. Es war nur ein Minimum an Gepäck erlaubt, und die Bonhoeffers überlegten fieberhaft mit ihr, was sie alles an überflüssigen Habseligkeiten weglassen konnte. Mehr konnte die Familie nicht tun. Aber sie entwickelte sich immer massiver zu einem Widerstandsnest; es wurde üblich, über politische Themen leise zu sprechen und sich zu vergewissern, ob kein Dienstbote an der Tür lauschte.

Höchste Zeit, „dem Rad in die Speichen zu fallen", wie es Dietrich schon 1933 in seinem mehrfach erwähnten Aufsatz als letzte Möglichkeit und Notwendigkeit formuliert hatte. Und Dietrich Bonhoeffer, der Gelehrtentyp mit dem nüchternen Verstand, intellektuell, feinsinnig, enorm belesen, ein Kulturmensch preußischer Prägung – dieses fast schon klassische Exemplar eines deutschen Theologen begann das schwierige Handwerk eines politischen Verschwörers zu erlernen.

Botschafter des „anderen Deutschland"

Durch seinen Schwager Hans von Dohnanyi, der im Oberkommando der Wehrmacht tätig war, bekam Bonhoeffer – wie wir bereits wissen – Kontakt zu der Widerstandsbewegung um den Chef der Abwehr, Admiral Wilhelm Canaris. Bei den Freiheiten, die ein militärischer Nachrichtendienst und eine Anti-Spionage-Zentrale naturgemäß genießen, konnten sich dort die Regimegegner noch am besten sammeln und im Schutz strikter Geheimhaltung für ihre Ziele arbeiten. Bonhoeffers rege Reisetätigkeit und seine guten ökumenischen Kontakte im europäischen Rahmen machte man sich hier gern zunutze. Der Pastor, der jetzt vor allem als theologischer Gutachter für die Bekennende Kirche tätig wurde, erhielt einen Nebenjob als Zivilist bei der Abwehr (womit er zu seiner großen Erleichterung vom Wehrdienst freigestellt war).

Offiziell hatte er bei seinen Auslandsreisen Informationen für den deutschen Geheimdienst zu sammeln. Eigentlicher

Zweck dieser Reisen war es jedoch, die Freunde im Ausland über die Aktivitäten des Widerstandes zu unterrichten und von ihnen Nachrichten mitzubringen. Es ging um die Planung von Deutschlands Zukunft für den Fall eines erfolgreichen Umsturzes und um die Erkundung der Ziele, welche die Alliierten mit einer solchen Wende verbanden. Würde die im August 1941 zwischen Churchill und Roosevelt abgeschlossene *Atlantik-Charta*, die Deutschlands vollständige Entwaffnung zur Vorbedingung jeder Friedensverhandlung erklärte, auch für eine antifaschistische deutsche Regierung gelten? Riskierte man damit nicht ein neues „Versailles"? Waren die Kriegsgegner überhaupt daran interessiert, die Widerstandsgruppen in Deutschland zu ermutigen? Welche Rolle würde die Sowjetunion in einem neugeordneten Europa spielen? Andererseits: Wie flexibel war der deutsche Widerstand? War die militärische Opposition unter Umständen bereit, von ihrem Verlangen nach einer Wiederherstellung der deutschen Grenzen von 1914 abzurücken? Was war mit jenen „halben" Rebellen, die den Friedensschluß mit den westlichen Alliierten wollten, um Rußland doch noch besiegen zu können?

„Bonhoeffer wollte selbst Impulse geben, um auf beiden Seiten Prozesse in Gang zu setzen, die zum Sturz Hitlers führen würden", so faßt Martin Heimbucher die Inhalte dieser überraschend eigenwilligen Kuriertätigkeit zusammen. „Er signalisierte das Vorhandensein einer unmittelbar handlungsbereiten Fronde, damit die englische Propaganda ihrerseits von Aktivitäten abließ, die die Verschwörung hemmen konnten. Umgekehrt hoffte er auf eine verstärkte Vermittlung nachvollziehbarer alliierter Friedensziele, die die deutsche Generalität zum Losschlagen ermuntern konnte. Solche Prozesse konnten nur in Gang kommen, wenn hüben und drüben wenigstens ein Minimum gegenseitigen Vertrauens wirksam war. Bonhoeffers Appell an gemeinsame ‚abendländische' Grundlagen war der Versuch, eine Basis für solches Vertrauen mit aufbauen zu helfen."

In Genf, wo der noch nicht fest installierte *Ökumenische Rat der Kirchen* im Entstehen war, führte der unermüdliche Kurier zwischen 1940 und 1943 mehrmals intensive Gespräche. Vor allem der Generalsekretär dieses sehr lebendigen, aber erst seit 1948 offiziell existierenden Gebildes, der holländische reformierte Theologe Willem Visser 't Hooft, bemühte sich darum, Kirchenvertreter aus den mit Hitler im Krieg liegenden westlichen Ländern mit Exponenten des deutschen Widerstands in Kontakt zu bringen. Daheim sollten die Kirchenleute ihren Einfluß geltend machen, um politische und militärische Entscheidungsträger über das „andere Deutschland" zu informieren und akzeptable Waffenstillstandsbedingungen zu erreichen.

Visser 't Hooft und Bonhoeffer tauschten regelmäßig Informationen über die immer massiver werdende Judenverfolgung aus. Der Weltkirchenrat hatte einen rührigen Flüchtlingsdienst gegründet, der auch im südfranzösischen Lager Gurs aktiv war; unter den mehr als sechstausend dorthin verschleppten Juden aus Baden und der Pfalz befanden sich gute Bekannte Bonhoeffers. Lange nach dem Krieg, 1961 im Jerusalemer Eichmann-Prozeß, wurde publik, auf welch verschlungenen Wegen es Osters und Dohnanyis Verbindungsleuten damals gelungen war, Geld und Medikamente in das Lager einzuschleusen.

Fluchtunternehmen „U 7"

Zu den Plänen für ein „anderes Deutschland" nach Hitlers Sturz steuerte Bonhoeffer seine Gedanken über eine Neuordnung der Kirchenleitung bei – die nur „in vollem Einvernehmen mit den Organen der Bekennenden Kirche" möglich sein werde. Es müsse unter allen Umständen vermieden werden, „daß die reaktionären Kreise der einstigen Generalsuperintendenten und der kirchenbehördlichen Bürokratie wieder die Leitung in die Hand bekommen (...) Eine Lösung, die das Verhältnis von Kirche und Staat wirklich auf einen neuen Boden stellen soll, muß auf die junge, im Kirchenkampf erprobte Generation von Pfarrern und Laien zurückgreifen."

Für den „Tag X" entwarf er eine Kanzelabkündigung. Gott rufe seine „ungetreuen und geplagten Knechte" zur Umkehr, hieß es da, und „mitten in einer über die Maßen schuldverstrickten Christenheit" ergehe noch einmal die Einladung zu einem erneuerten Leben im Gehorsam gegen Gottes Gebot. Bonhoeffers Erfahrungen mit dem „Bruderhaus" gingen in seine Forderung ein, die persönliche Beichte wiederzuentdecken („Drückende Schuld langer Jahre hat unsere Herzen verstockt und stumpf gemacht"), die Kirchen für das stille Gebet zu öffnen, die Glocken zum Morgen- und Abendgebet läuten zu lassen und den Pfarrern und Amtsträgern neue Möglichkeiten brüderlicher Beratung und Aussprache anzubieten.

Bonhoeffer scheint sich aber auch an den eher „politischen" Denkmodellen der Gruppe um Dohnanyi, Generalstabschef Ludwig Beck und Carl Goerdeler (bis 1937 Oberbürgermeister von Leipzig) beteiligt zu haben, die den Hitlerstaat durch eine konstitutionelle Monarchie (am besten unter den Hohenzollern) ablösen wollten. Bonhoeffer lag vor allem die restlose Beseitigung der Rechtsunsicherheit und der polizeilichen Willkür am Herzen – und die Förderung einer freien Presse, „die der Wahrheit dient".

Im Herbst 1941 begannen in Berlin die Judendeportationen im großen Stil. Bonhoeffer listete die Übergriffe minutiös auf und schickte die Dokumente an oppositionelle Militärs, um sie zum Putsch zu ermuntern. Er half Canaris – dessen Abwehrabteilung bereits Juden aus den Niederlanden nach Spanien in Sicherheit gebracht hatte –, eine weitere Gruppe Verfolgter in die neutrale Schweiz zu bringen. Die Aktion „U 7" (es sollte sich zunächst um sieben Flüchtlinge handeln, später erhöhte sich die Zahl auf 14) war ein abenteuerliches Unternehmen, mehrere Monate nach Inkrafttreten eines strikten Auswanderungsverbots durchgeführt und generalstabsmäßig vorbereitet.

Der Reichsführer SS Heinrich Himmler höchstpersönlich fiel auf einen raffinierten Trick der Verschwörer herein: Bei einem Galadinner trug man ihm die Idee vor, eine Gruppe von Spitzeln mit dem großen „J" im Paß ins Ausland zu schleusen, wo man die vermeintlichen flüchtigen Juden nie und nimmer für deutsche Spione halten würde! Himmler war begeistert, und das Hasardspiel gelang: Die 14 Flüchtlinge kamen mit ihren echten „Judenpässen" ohne Probleme über die Grenze, weil die Grenzbeamten informiert waren, daß es sich um getarnte Abwehragenten handle. Bis es soweit war, mußten allerdings zahllose Hürden bei Finanzbehörden, Devisenstellen und Arbeitsämtern überwunden werden; plötzlich fand sich wieder einer aus der Gruppe auf einer Liste von Deportationskandidaten und mußte mit irgendeiner Ausrede und durch persönliches Eingreifen von Dohnanyi oder Canaris gelöscht werden. Und auch in der Abwehr selbst waren nur wenige zuverlässige Freunde in die Aktion eingeweiht; ständig bestand die Gefahr, daß irgendwelche stramm nationalsozialistische Kollegen Wind von der Sache bekamen.

Als das Reichssicherheitshauptamt ein Jahr später die Aktivitäten der Abwehr durchleuchtete, entdeckte es auch Hinweise auf „U 7" und die Beteiligung von Bonhoeffer und Dohnanyi. Die Indizien waren freilich noch zu vage, um sofort zugreifen zu können. Zum Glück hatten die Spitzel all die Jahre auch nichts von Bonhoeffers regen Kontakten zu dem Berliner ökumenischen Hilfswerk gemerkt, das Juden mit Lebensmittelmarken und Kleiderspenden beim Überleben und mit gefälschten Pässen beim Untertauchen half. Daß die Geschwister Scholl von der Münchner *Weißen Rose* kurz vor ihrer Verhaftung das Gespräch mit Dietrich Bonhoeffer und seinem Bruder Klaus gesucht hatten, bekam die Gestapo ebenfalls nicht mit. Offenbar war der Berliner Pastor auch in bayerischen Widerstandskreisen ein Begriff geworden; wir wissen, daß er im Winter 1940/41 häufiger Gast in den Benediktinerklöstern Ettal und Metten war und daß dort in Ettal seine Bücher bei der Tischlesung vorgetragen wurden; sogar bei der Weihnachtsfeier stand die *Nachfolge* auf dem Programm.

Weitere Reiseziele Bonhoeffers waren Rom, Venedig, Stockholm – und das besetzte Norwegen, wo er die Kirche in ihrem Widerstand bestärkte. Aus Protest gegen den von den Nazis eingesetzten Ministerpräsidenten Vidkun Quisling – das Paradeexemplar eines Kollaborateurs – hatten sämtliche Bischöfe und Pfarrer ihre Ämter niedergelegt.

Er hatte freilich seine massiven Probleme mit dem Verschwörerhandwerk, der zum Geheimagenten gewordene Theologe. Nach der Rückkehr von seinen Auslandsreisen goß er jeweils mühsam irgendwelche militärisch interessanten Neuigkeiten in möglichst aufregend klingende Berichte, um den eigentlichen Zweck seiner Fahrten zu tarnen. Sein Gewissen konnte er mit solchen Tricks nicht beruhigen. Er teilte ja den Loyalitätskonflikt der Staatsdiener und Militärs, die sich an ihre Treuepflicht gegenüber der Regierung und an ihren Eid auf Hitler gebunden fühlten, obwohl sie sahen, wie die politische Führung tagtäglich das Vaterland, das Recht und alle gewohnten Werte verriet.

Der preußische Pastor Bonhoeffer – ehrlich genug, es nicht zu leugnen – hatte auch teil an der deutschen Erbsünde des Untertanengeistes: Tapferkeit, Engagement für das Ganze, treue Pflichterfüllung ja – Zivilcourage nein, so zog er in seinen Aufzeichnungen aus der Haft selbstkritische Bilanz. Dabei wertete er das „Mißtrauen gegen das eigene Herz", das „lieber dem Befehl von ‚oben' als dem eigenen Gutdünken" folgen wolle, durchaus positiv. Welche Kraft gehöre dazu, die persönlichen Wünsche und Ideen dem gemeinsamen Auftrag unterzuordnen! Bedeute es nicht auch eine ganze Menge Freiheit, den Eigenwillen im Dienst am Ganzen zu bezähmen?

Doch der so gepolte Deutsche habe damit regelmäßig die Welt verkannt; „er hatte nicht damit gerechnet, daß seine Bereitschaft zur Unterordnung, zum Lebenseinsatz für den Auftrag mißbraucht werden könnte zum Bösen. (...) Es mußte sich herausstellen, daß eine entscheidende Grunderkenntnis dem Deutschen noch fehlte: die von der Notwendigkeit der freien, verantwortlichen Tat auch gegen Beruf und Auftrag. (...) Civilcourage aber kann nur aus der freien Verantwortlichkeit des freien Mannes erwachsen. Die Deutschen fangen erst heute an zu entdecken, was freie Verantwortung heißt. Sie beruht auf einem Gott, der das freie Glaubenswagnis verantwortlicher Tat fordert und der dem, der darüber zum Sünder wird, Vergebung und Trost zuspricht."

Der letzte Satz läßt tief blicken. Denn wer zum Verschwörer gegen eine auch noch so bestialische Gewaltherrschaft wird, verliert dabei notwendigerweise seine Unschuld. Wer einen Mörder von seinem blutbefleckten Thron stürzt, um Menschenleben zu retten und das Recht wieder zur Herrschaft zu bringen, begeht zwangsläufig Unrecht, wird automatisch zum Täter.

Bonhoeffer wußte um die Zwielichtigkeit der Verschwörerrolle. „Sind wir noch brauchbar?" fragt er in einem seiner erschütterndsten Gefängnistexte. „Wir sind stumme Zeugen böser Taten gewesen, wir sind mit vielen Wassern gewaschen, wir haben die Künste der Verstellung und der mehrdeutigen Rede gelernt, wir sind durch Erfahrung mißtrauisch gegen die Menschen geworden und mußten ihnen die Wahrheit und das freie Wort oft schuldig bleiben, wir sind durch unerträgliche Konflikte mürbe oder vielleicht sogar zynisch geworden – sind wir noch brauchbar? Nicht Genies, nicht Zyniker, nicht Menschenverächter, nicht raffinierte Taktiker, sondern schlichte, einfache, gerade Menschen werden wir brauchen. Wird unsere innere Widerstandskraft gegen das uns Aufgezwungene stark genug und unsere Aufrichtigkeit gegen uns selbst schonungslos genug geblieben sein, daß wir den Weg zur Schlichtheit und Geradheit wiederfinden?"

Der skrupulöse Rebell war sich aber auch darüber klar, daß an diesem „uns Aufgezwungenen" kein Weg vorbeiführte. Einen Aufstand gegen Hitler würde es nicht geben – auch später nicht, als die Begeisterung verstummt war und die Klagen über Krieg, Hunger und Bonzenwirtschaft immer lauter wurden –, die möglichen Träger einer solchen Volkserhebung, Sozialisten, Kommunisten, kritische Militärs, saßen im KZ oder waren entmachtet worden, sofern sie überhaupt noch lebten. Das Oberkommando des Heeres fiel als Widerstandszentrum endgültig aus, als Hitler im Dezember 1941 Generalfeldmarschall Walther von Brauchitsch entließ und sich selbst zum Oberbefehlshaber der deutschen Truppen machte. Die Aktion eines einzelnen, etwa ein Harakiri-Attentat auf den „Führer", vermochte an den Machtstrukturen nichts zu ändern. Die einzige Hoffnung galt dem gut vorbereiteten Putsch durch eine aufeinander eingespielte, eisern zusammenhaltende Gruppe, die nicht nur die braune Führungselite beseitigen, sondern auch den Krieg beenden und eine neue politische Ordnung installieren konnte.

Der Widerstandskreis um Dohnanyi hatte zunächst auf oppositionelle Kräfte in der Wehrmacht gesetzt, die Hitler verhaften sollten; Bonhoeffers Vater Karl würde dann als Vorsitzender einer Ärztekommission ein psychiatrisches Gutachten über den „Führer" liefern, den Dohnanyi seit der ersten persönlichen Begegnung 1933 für geistesgestört hielt. Doch auch hier brach sich bald die Überzeugung Bahn, daß Hitler sterben mußte. Zu Dohnanyis Informanten zählte Hitlers militärischer Adjutant Hauptmann a. D. Fritz Wiedemann. Am 5. November 1937, so berichtete er, habe Hitler bei einer Geheimkonferenz der politischen und militärischen Entscheidungsträger seinen „unabänderlichen Entschluß" verkündet, die „deutsche Raumfrage" in den nächsten Jahren zu lösen. Auf die erschrockenen Einwände des Kriegsministers Blomberg, des Oberbefehlshabers des Heeres Fritsch und des Außenministers Neurath (die er alle später aus ihren Ämtern warf) habe der „Führer" entgegnet: „Jede Generation braucht ihren Krieg, und ich werde dafür sorgen, daß auch diese Generation ihren Krieg bekommt." Wiedemann verzweifelt: „Ich gebe Ihnen zu, hier hilft nur noch der Revolver, aber wer soll es tun?"

Bonhoeffer hatte sich im Grunde schon 1939 in den USA entschieden: „Die letzte verantwortliche Frage ist nicht, wie ich mich heroisch aus der Affäre ziehe, sondern wie eine kommende Generation weiterleben soll." Vier Jahre später fragte ihn ein neugieriger Mithäftling beim Hofgang im Gefängnis Berlin-Tegel, wie er sich als Christ und Pfarrer denn an einem politischen Komplott habe beteiligen können – und erhielt eine Antwort, so prägnant, daß sie als Lehrbeispiel in einem Lesebuch oder Katechismus stehen könnte. Bonhoeffer: Wenn ein betrunkener Autofahrer den Berliner Kurfürstendamm herunterrase, dann sei es nicht die vordringliche Aufgabe des Pfarrers, die Opfer des Wahnsinnigen zu beerdigen und ihre Angehörigen zu trösten. Wichtiger sei es, dem Betrunkenen das Lenkrad zu entreißen.

Irgendwann im Jahr 1942 soll er sich bereit erklärt haben, selbst zum Attentäter zu werden; allerdings würde er in diesem Fall zuvor formell aus der Kirche austreten, um seine Kollegen und Vorgesetzten nicht in Schwierigkeiten zu bringen, und weil er ihr nicht zumuten wollte, den Mord am Diktator zu decken. Sein Freund Eberhard Bethge hielt das freilich für einen sehr theoretischen Entschluß, „denn Bonhoeffer verstand nun wirklich gar nichts von Schußwaffen oder Sprengstoffen".

Eine Ethik ohne „klerikalen Hochmut"

Die Selbstzweifel des sensiblen Verschwörers beeinflußten die Gedankengänge seiner *Ethik*, die er in den Jahren 1939 bis 1943 schrieb, immer wieder neu ansetzend, Schwerpunkte anders gewichtend, an der Größe der Aufgabe verzweifelnd und natürlich ohne die Ruhe, die er gebraucht hätte, um alle die faszinierenden Ideen und Problemeinstiege zu Ende zu denken. Es sollte sein Lebenswerk werden und blieb Fragment. Eine ganze Forschergeneration ist seither damit beschäftigt gewesen, aus verstreuten Zetteln, Teilausarbeitungen und vorübergehend von der Gestapo beschlagnahmten Manuskripten – in Bonhoeffers berüchtigter, kaum leserlicher Handschrift und kritische Gedankengänge verschlüsselnd, um den Gesinnungsschnüfflern keine Handhabe zu bieten – den ursprünglichen Text zu rekonstruieren.

Es war eine Detektivarbeit: Numerierte Notizblätter wurden mit undatierten Manuskriptbögen verglichen, in Bonhoeffers ausgedehnter Korrespondenz suchte man nach Informationen über den Fortgang der Arbeit oder nach Hinweisen auf gerade durchstudierte Bücher und verglich wieder mit den entsprechenden Buchkapiteln. Eberhard Bethge schlüpfte in die Rolle eines Kriminalisten und erstellte ein ausgeklügeltes Raster von Papiersorten, Linierungen, Schriftbildern, Tintenschattierung („klarblau" oder „blauschwarz"), Füllfederbreite und benutzten Farbstiften, um die einzelnen Manuskriptteile – wieder im Vergleich mit Briefen und anderen Aufzeichnungen – möglichst exakt datieren zu können. Papier sei im Krieg knapp gewesen, geben die Herausgeber des *Ethik*-Bandes in der neuen Bonhoeffer-Werkausgabe zu bedenken, und das damals hergestellte Papier erscheine „poriger, dunkler, brüchiger als Friedensware".

Die *Ethik* ist eine Widerstandsschrift: Während das christliche Bekenntnis massiv aus der Öffentlichkeit herausgedrängt wurde, während man im (eben noch polnischen) „Warthegau" mit einem Zukunftsmodell experimentierte, das die Kirchengemeinden zu „Vereinen" degradierte und die Kirchenmitgliedschaft nicht mehr von der Taufe, sondern von einer staatlich anerkannten Beitrittserklärung abhängig machte (die natürlich nur Erwachsene abgeben durften), während die herrschenden Mächte das Christentum also längst zur unverbindlichen Privatsache erklärt hatten, beharrte Bonhoeffer unverdrossen auf der Pflicht der Christen, der Welt ihren Glauben und ihre Hoffnung zu bezeugen. Die zentrale Frage der *Ethik* lautet: Wie kann Christus in der Welt Gestalt annehmen?

Mit einer „Zumutung" beginnt das rund 400 Seiten umfassende Buchfragment in seiner (laut Rekonstruktion) allerersten Zeile: mit der Zumutung, die üblichen Fragen, wie man denn gut werde und wie man gut handeln könne, gleich wieder aufzugeben und statt dessen nach dem Willen Gottes zu fragen. Denn wenn es auf das eigene Gutsein ankomme, sei damit bereits die Entscheidung für das Ich und die Welt und die sogenannten Realitäten des Lebens als letzte Wirklichkeiten gefallen. Sehe man dieses Ich und die Welt aber noch in eine andere letzte Wirklichkeit eingebettet, dann erhalte die ethische Entscheidung sofort ein ganz neues Vorzeichen. „Nicht daß ich gut werde noch daß der Zustand der Welt durch mich gebessert werde", sei das wichtigste Problem, sondern daß Gottes Wirklichkeit zum Zuge komme, daß *er* sich als das Gute erweise – „auf die Gefahr hin, daß dabei ich und die Welt als nicht gut, sondern als durch und durch böse zu stehen kommen".

Welcher lebenskluge Realismus in dieser auf den ersten Blick verwirrenden Aussage steckt, erweist sich bald, wenn Bonhoeffer die übliche Gesinnungs- oder Erfolgsethik als oberflächlich ablehnt. Nicht auf die Motive des Handelns komme es an und auch nicht auf seinen Erfolg. Denn sei es nicht so, „daß eine ‚gute' Gesinnung auf sehr dunklen Hintergründen des menschlichen Bewußtseins und Unterbewußtseins erwachsen kann und daß oft aus ‚guter Gesinnung' das Schlimmste geschieht"? Für Bonhoeffer ist es unbefriedigend, aus der Menschennatur oder der empirisch feststellbaren „Wirklichkeit" der Welt irgendeinen – noch so anspruchsvollen – ethischen Maßstab zu beziehen, weil das letztlich die Preisgabe der ethischen Entscheidung an das „Jeweilige, Gegebene, Zufällige, augenblicklich Zweckmäßige" bedeute. Sein Wertmaßstab, sein Anspruch ist die durch die Menschwerdung Gottes veränderte Weltwirklichkeit. Keine Auslieferung an das „Zweckdienliche" mehr, aber auch kein fanatischer Kampf einer Idee gegen die Realitäten: In Jesus Christus ist das Gute Wirklichkeit geworden. Eine Ethik, die sich an ihm orientiert, hat „nichts Problematisches, Gequältes, Finsteres" mehr, sondern „etwas Selbstverständliches, Freudiges, Gewisses, Klares".

Die Konsequenzen sind aufregend: Wenn ich die Wirklichkeit der Welt immer schon von der Wirklichkeit Gottes getragen und angenommen vorfinde, dann entfällt der in der christlichen Tradition allgegenwärtige Konflikt zwischen zwei Räumen, von denen der eine sakral, göttlich, heilig ist und der andere profan, weltlich, „natürlich". All diese Ansätze – die Unterordnung des „natürlichen" Bezirks unter das Reich der Gnade im hohen Mittelalter, die Betonung der eigengesetzlichen Ordnungen dieser Welt gegenüber dem Gesetz Christi im nachreformatorischen Protestantismus, der Kampf der Gemeinde der Erwählten um das irdische Reich Gottes gegen eine feindselige Welt bei den sogenannten „Schwärmern" – haben die Sache Christi laut Bonhoeffer zu einer „partiellen, provinziellen Angelegenheit innerhalb des Wirklichkeitsganzen" gemacht. „So wichtig man die Wirklichkeit in Christus auch nehmen mag, sie bleibt immer eine Teilwirklichkeit neben anderen Wirklichkeiten."

Und das bedeutet, daß man sich darauf beschränken kann, Bürger in einem der beiden Reiche zu sein und das andere abzulehnen, wie es der Mönch des Mittelalters und der Kulturprotestant des 19. Jahrhunderts vorexerziert hätten: geistliche oder weltliche Existenz, Christus ohne die Welt oder die Welt ohne Christus. Oder der Versuch, in beiden Bezirken zugleich zu leben und damit einen endlosen Konflikt zu riskieren.

Ein solches „Raumdenken", so Bonhoeffers Argumentation, ist weder biblisch noch gut reformatorisch gewesen. „Es gibt nicht zwei Wirklichkeiten, sondern *nur eine Wirklichkeit,* und das ist die in Christus offenbargewordene Gotteswirklichkeit in der Weltwirklichkeit. (...) Es ist eine Verleugnung der Offenbarung Gottes in Jesus Christus, ‚christlich' sein zu wollen, ohne ‚weltlich' zu sein, oder weltlich sein [zu] wollen, ohne die Welt in Christus zu sehen und zu erkennen. (...) Nicht zwei miteinander konkurrierende Räume stehen neben einander und machen sich gegenseitig die Grenzen streitig, so daß die Grenzfragen immer wieder die entscheidenden der Geschichte wären, sondern die ganze Weltwirklichkeit ist bereits in Christus hineingezogen, in ihm zusammengefaßt und nur von dieser Mitte her und auf diese Mitte hin geht die Bewegung der Geschichte."

Wenn die Menschwerdung Gottes in der Welt und das Sterben am Kreuz aus Liebe wirklich ernst zu nehmen sind, dann „gibt es das Christliche nicht anders als im Weltlichen, das ‚Übernatürliche' nur im Natürlichen, das Heilige nur im Profanen, das Offenbarungsmäßige nur im Vernünftigen". Christen dürfen der Welt nicht „in klerikalem Hochmut" die Gemeinschaft verweigern, die Gott längst in Christus mit ihr eingegangen ist. Plötzlich entpuppt sich der scheinbar so spröde Intellektuelle Bonhoeffer mit seiner neumodischen Theologie als glühend frommer Mensch mit einem Herzen voll fröhlicher Hoffnung: „Christus gibt nichts von dem auf, was er erwarb, sondern er hält es fest in seinen Händen. Von Christus her verbietet sich damit die Aufteilung in eine verteufelte und eine christliche Welt. (...) Alles wäre verdorben, wollte man Christus für die Kirche aufbewahren (...) Christus ist für die Welt gestorben, und nur mitten in der Welt ist Christus Christus."

Also nicht Absonderung von der Welt, sondern Zeugnis in der Welt, „Hineinrufen der Welt in die Gemeinschaft dieses Leibes Christi, zu dem sie in Wahrheit schon gehört". Ein sehr realistisches Programm, weil es, wie Bonhoeffer präzisiert, „die Welt Welt sein läßt (...) und doch niemals aus den Augen läßt, daß die Welt in Jesus Christus von Gott geliebt, gerichtet und versöhnt ist".

Der Realist weiß, daß sich das Böse gern maskiert, daß es „in der Gestalt des Lichtes, der Wohltat, der Treue, der Erneuerung" erscheint, „in der Gestalt des geschichtlich Notwendigen, des sozial Gerechten". Verwirrend für den auf eine ethische Theorie Fixierten, für den Vernünftigen, der weder um die Abgründe des Bösen noch um die des Heiligen weiß und resigniert aufgeben wird. Verwirrend aber auch für den „Mann des Gewissens" und der Pflicht, mit dem Bonhoeffer ein Portrait des „guten Deutschen" traditioneller Prägung gezeichnet hat – und wohl auch ein Selbstportrait: Einsam in seiner Zwangslage, unsicher und ängstlich gegenüber den „unzähligen ehrbaren und verführerischen Verkleidungen", in denen das Böse sich ihm nähere, beschwichtige er sein Gewissen am Ende mit der Flucht in die Pflichterfüllung.

„Hier wird das Befohlene als das Gewisseste ergriffen, die Verantwortung für den Befehl trägt der Befehlsgeber, nicht der Ausführende. In der Beschränkung auf das Pflichtgemäße aber kommt es niemals zu dem Wagnis der freien, auf eigenste Verantwortung hin geschehenden Tat, die allein das Böse im Zentrum zu treffen und zu überwinden vermag. Der Mann der Pflicht wird schließlich auch dem Teufel gegenüber noch seine Pflicht erfüllen müssen."

Es klingt wie ein vorweggenommener Kommentar zu den blamablen Kriegsverbrecherprozessen nach 1945, als die Mörder und Folterer und Judenvernichter, die KZ-Kommandeure und Lagerärzte und Wachsoldaten und Aufseherinnen alle nur ihre „Pflicht getan" und fremde Befehle ausgeführt haben wollten.

Der vermeintlich sichere Weg der Pflicht führt laut Bonhoeffer in die Irre, die Beschränkung auf die „private Tugendhaftigkeit" ebenso – weil sie, wenn die Welt in Flammen steht, nur zu haben ist, wenn der Tugendhafte Augen und Ohren vor dem allgegenwärtigen Unrecht verschließt. „Nur auf Kosten eines Selbstbetruges kann er seine private Untadeligkeit vor der Befleckung durch verantwortliches Handeln in der Welt reinhalten." Bonhoeffer überzieht solche tragischen Figuren keineswegs mit Hohn; stille Tugend und Don Quijotes einfältiger Kampf gegen die „Übermacht des Gewöhnlichen" seien zutiefst humane Haltungen.

Doch damit ist die Frage nicht beantwortet, ob die Flucht in die blinde Pflichterfüllung, das Sichheraushalten aus dem politischen Konflikt nicht eine größere Schuld bedeuten als das Sicheinlassen auf ein Handeln, das zwangsläufig schuldig macht. Das haben schon die antiken Tragödien als Struktur des Lebens erkannt: das „Schuldigwerden an den Gesetzen der Götter". Kann aber einer, der an den guten Gott glaubt und die Qual der Menschen sieht, seine Hände noch in Unschuld waschen? Muß er sie sich nicht schmutzig machen, aus Liebe und Gehorsam? Kann „Reinheit" Sünde bedeuten? Verantwortung übernehmen heißt Schuldverstrickung – doch was bedeutet es, die Verantwortung abzulehnen?

„Gilt der Satz ‚Wer das Schwert nimmt, wird durch das Schwert umkommen' jetzt nicht auch für uns?" fragte ihn Hans von Dohnanyi, der Mitverschwörer, als sie über die Beseitigung des Diktators sprachen. „Natürlich, das gilt auch für uns", antwortete Dietrich Bonhoeffer. „Aber solcher Leute, die dies über sich gelten lassen, derer bedarf es jetzt."

Das Gute sei kein abstraktes Ideal, sondern das Leben in Verantwortung, gibt er in der *Ethik* zu bedenken und verweist auf die Selbstaussage Jesu im Johannes-Evangelium: „Ich bin das Leben". Bonhoeffers Ethik ist keine abstrakte Prinzipienlehre wie bei Kant oder den Vertretern eines ewigen Naturgesetzes, kein sauber formuliertes System eisern feststehender Normen, sondern eine sehr konkrete, an der Wirklichkeit orientierte Haltung des Gehorsams gegenüber dem Willen Gottes. Der Christ, wie Bonhoeffer ihn sich vorstellt, blättert im Konfliktfall sozusagen nicht in einem alle Probleme abdeckenden Gesetzbuch, sondern horcht darauf, was Gott „hier und jetzt" von ihm will.

Die Arbeit an der *Ethik* scheint seinen eigenen Glauben zusehends nüchterner, „weltlicher" gemacht zu haben. „Ich spüre, wie in mir der Widerstand gegen alles ‚Religiöse' wächst", schrieb er seinem Freund Bethge und gestand, die „religiösen Einkleidungen" seien ihm so „unbehaglich", ihm liege an „Echtheit" und „Leben". Gleichzeitig radikalisierte sich seine politische Haltung: Die „Scheu vor der freien Verantwortung", die er dem Bürgertum anlastete, die „Beschränkung auf das Pflichtgemäße", das Bedürfnis, sich durch feste Regeln abzusichern oder hinter fremde Befehle zurückzuziehen, wich dem Vertrauen auf das eigene Gewissen und dem Mut, sich einer aktuellen Konfliktsituation zu stellen. Gegen die faschistische „völkische" Moral, die persönliche Entscheidungen durch Massenhysterie ersetzte, brachte Bonhoeffer ein anderes Erbstück aus der bürgerlichen Tradition zur Geltung, diesmal freilich eine kostbare Tugend: das Wissen um die Würde des Individuums.

Ein Wissen, das auch dann noch Souveränität und Urteilskraft verleiht, wenn ich im Konfliktfall auf kein sicheres Gerüst ethischer Normen und Weltdeutungen mehr zurückgreifen kann und doch an einer Entscheidung nicht vorbeikomme. Es gebe Notsituationen, argumentiert Bonhoeffer, in denen der zum Handeln Gezwungene hinter keinem Gesetz Deckung suchen könne. „Es gibt vielmehr angesichts dieser Situation nur den völligen Verzicht auf jedes Gesetz, verbunden auch mit dem offenen Eingeständnis, daß hier das Gesetz verletzt, durchbrochen wird, daß hier Not das Gesetz bricht, verbunden also mit der gerade in dieser Durchbrechung anerkannten Gültigkeit des Gesetzes, und es gibt dann schließlich in diesem Verzicht auf jedes Gesetz, und so ganz allein, das Ausliefern der eigenen getroffenen Entscheidung und Tat an die göttliche Lenkung der Geschichte."

Also wieder die Bereitschaft, schuldig zu werden, als Voraussetzung einer freien, verantwortlichen Entscheidung. Die meisten Interpreten dieser Stelle meinen übrigens, Bonhoeffer habe sich hier verschlüsselt zur Frage der Beseitigung Hitlers geäußert; ein solcher Extremfall müsse außerhalb des Gesetzes stehen, wolle er nicht zur „allzeit verfügbaren Ideologie routinierter Widerstands- und Gewalttechnik" (Tiemo Rainer Peters) entarten. Die Tötung Hitlers und der Umsturz waren 1941/42, als er diesen Teil der *Ethik* schrieb, akutes Diskussionsthema in den Widerstandskreisen; im Winter scheiterte der deutsche Vormarsch auf Moskau in den mörderischen russischen Schneewüsten, der Zusammenbruch der Front schien unmittelbar bevorzustehen, und Bonhoeffer bemerkte zu Visser 't Hooft, Deutschland stehe „beim Anfang vom Ende, denn da kommt Hitler niemals mehr heraus".

Für den Christen Bonhoeffer wird der Konflikt im Grunde nur deshalb lösbar, weil nicht das Gesetz das Letzte ist, sondern Jesus Christus. Er setzt die Maßstäbe für die konkrete Verantwortung, er kann sogar die Durchbrechung des Gesetzes – nicht aus Übermut, Machthunger oder Zynismus, sondern aus Liebe – heiligen, wenn es erst in der Übertretung wirklich erfüllt wird, wenn etwa enteignet oder getötet werden muß, um Gerechtigkeit oder Leben zu sichern. Die neuentdeckte Würde und Entscheidungskraft des Individuums bringt Bonhoeffer in seiner *Ethik* zudem mit der Solidarität zusammen, die den Christen mit der ganzen Menschheit verbindet.

Wider die frommen Menschenverächter

„In der Menschwerdung", so faßt Bonhoeffer die theologische Basis der *Ethik* ganz knapp zusammen, „bekundet Gott sich als den, der nicht für sich selbst, sondern ‚für uns' da sein will". Später in der Haft wird er dieses stark motivierende Jesusbild – „Jesus, der Mensch für andere" – immer dichter ausmalen und daraus für die christliche Praxis folgern: „Die Kirche ist nur Kirche, wenn sie für andere da ist." Der Grundgedanke der „Stellvertretung" aber findet sich schon in der *Ethik*. Weil Gott im Menschen Jesus in die Wirklichkeit dieser Welt eingetaucht ist, weil Jesus Christus sein Menschenleben stellvertretend für die ganze Menschheit lebt, darum hat auch jeder einzelne Mensch stellvertretend für das Menschsein und die Menschheit zu handeln: Verantwortung.

„Nicht durch Zertrümmerung, sondern durch Versöhnung wird die Welt überwunden", das lasse sich vom gemarterten, gekreuzigten Gottmenschen Christus lernen. „Diese Liebe Gottes zur Welt zieht sich nicht aus der Wirklichkeit zurück in weltentrückte edle Seelen, sondern sie erfährt und erleidet die Wirklichkeit der Welt aufs härteste. (...) Ecce homo – seht den menschgewordenen Gott, das unergründliche Geheimnis der Liebe Gottes zur Welt. Gott liebt den Menschen. Gott liebt die Welt. Nicht einen Idealmenschen, sondern den Menschen, wie er ist, nicht eine Idealwelt, sondern die wirkliche Welt. (...) Während wir unterscheiden zwischen Frommen und Gottlosen, Guten und Bösen, Edlen und Gemeinen, liebt Gott unterschiedslos den wirklichen Menschen. Er duldet es nicht, daß wir die Welt und die Menschen einteilen nach unseren Maßstäben und uns zu Richtern über sie aufwerfen. Er führt uns ad absurdum, indem er selbst wirklicher Mensch wird und ein Genosse der Sünder, und indem er uns damit zwingt, Gottes Richter zu werden. Gott tritt auf die Seite des wirklichen Menschen und der wirklichen Welt gegen alle ihre Verkläger."

Bonhoeffers scheinbar handzahme Christologie eines kompromißlos in menschliche Abgründe eingegangenen Gottmenschen erweist sich als schmerzliche Zumutung für fromme Biedermänner und selbstgerechte Tugendbolde. Menschenverachtung entdeckt Bonhoeffer nicht nur bei dem Tyrannen, der die Menge für dumm und schwach hält, das Recht des einzelnen verhöhnt, sich selbst vergöttern läßt und sein tiefes Mißtrauen hinter den „gestohlenen Worten wahrer Gemeinschaft" verbirgt (wieder ein kaum noch chiffrierter Hinweis auf Hitler). Doch auch jener vermeintlich hochanständige Zeitgenosse, „der sich angeekelt von den Menschen zurückzieht und sie sich selbst überläßt, der lieber für sich selbst seinen Kohl baut als sich im öffentlichen Leben gemein zu machen", sei ein Menschenverächter, schlimmer noch: ein Verächter der Menschwerdung Gottes.

Sehr konkrete Konsequenzen beinhaltet das notgedrungen oft nur indirekt und verschlüsselt formulierende Werk nicht nur für die Beurteilung Hitlers, der als „das Böse in der Gestalt des Lichtes" erscheint, und seiner Kriegführung; wenn Bonhoeffer über die abendländische Tradition „ritterlicher" Kriege nachsinnt, dann bedeutet das nicht nostalgische Schwärmerei eines verkappten Militaristen, sondern eine klare Absage an die totalitäre, alle völkerrechtlichen Gepflogenheiten mißachtende, Zivilisten und Kriegsgefangene der Willkür preisgebende Praxis der Hitlerarmee.

Klipp und klar schließlich die Stellungnahme zur Euthanasie. Am 1. September 1939 hatte Hitler verfügt, „daß nach menschlichem Ermessen unheilbar Kranken bei kritischster Beurteilung ihres Krankheitszustandes der Gnadentod gewährt werden kann". Auf der Grundlage dieses (vor der Öffentlichkeit geheimgehaltenen) „Führerbefehls" wurden in den nächsten Jahren Debile und Epileptiker, Schizophrene und schwer Verhaltensgestörte zu Hunderten und Tausenden in die Gaskammern geschafft, um die zum Götzen erhobene Rasse rein und das „Erbgut" gesund zu halten.

Die Aktion wurde, wie bei den Nazis üblich, mit bürokratischer Perfektion organisiert und lief wie am Schnürchen ab: Eine Ärztekommission erfaßte per Fragebogen in sämtlichen Heil- und Pflegeanstalten des Reiches das „auszusondernde" Menschenmaterial. Der Direktor von Eglfing-Haar in Bayern bearbeitete zum Beispiel in nur drei Wochen mehr als zweitausend solcher Meldebögen.

Dann kamen irgendwann die graugestrichenen Busse der „Gemeinnützigen Kranken-Transport GmbH", wie sich das Todeskommando frech nannte, in den Anstaltshof gefahren. Man sagte den Patienten, es gehe auf einen Ausflug. In der Tötungsanstalt angekommen, bekamen sie einen Nummernstempel – korrekter deutscher Ordnungssinn bis zuletzt – bzw. eine spezielle Kennzeichnung, wenn sie Goldkronen im Mund hatten, die brach man später aus den Leichen heraus. Die Gaskammern waren als Duschräume getarnt. „Nach kurzer Zeit waren die Leute in der Gaskammer tot", berichtet ein Krematoriumsarbeiter. „Nach ca. eineinhalb Stunden wurde die Gaskammer entlüftet. Von diesem Zeitpunkt an begann für uns Heizer die Tätigkeit."

Die Meldebögen erschienen zunächst als harmlos-bürokratische Schikane, für die Verlegungen fanden sich viele gute Gründe, und die Transporte wurden so verwirrend von Anstalt zu Anstalt dirigiert, daß sich irgendwann jede Spur verlor. Doch bei aller Raffinesse der braunen Todeskommandos: Der Massenmord an den Geisteskranken, dem nach seriösen Schätzungen zwischen siebzigtausend und hunderttausend Menschen zum Opfer fielen, konnte nicht geheim bleiben. Das zum Schweigen verpflichtete Anstaltspersonal hielt nicht immer dicht; die vollbesetzten Busse fielen auf; bei der vorfabrizierten Todesmeldung an die Angehörigen („... müssen wir Ihnen zu unserem Bedauern mitteilen, daß Ihr Sohn N. N. unerwartet infolge Lungenentzündung verstorben ist") gab es Pannen.

Kirchenleute wie der katholische Bischof Galen von Münster oder der Berliner Dompropst Bernhard Lichtenberg machten sich zu Sprechern der wach gewordenen Öffentlichkeit. In ihren Kreis reihte sich mit seiner *Ethik* auch Dietrich Bonhoeffer ein – dessen Vater schon 1923 in einem Gutachten eine „gesetzliche Festlegung der Sterilisierung von Staats wegen" abgelehnt hatte und der Ärzteschaft in wissenschaftlichen Artikeln unverhohlen Ratschläge gab, mit welchen harmlosen Diagnosen (etwa Tetanie bei Epilepsiekranken) man die Anzeigepflicht umgehen und Todeskandidaten vor der Auslieferung bewahren konnte.

Sein Sohn Dietrich informierte im Oktober 1941 in seinem bereits erwähnten Dossier aufgeschlossene militärische Kreise über die Tötungsaktionen. Und in der *Ethik* untermauerte er das Engagement des Vaters mit der theologischen Begründung des „Rechts auf das leibliche Leben": Alles Leben gehöre Gott und sei kein Verhandlungsgegenstand. „Das leibliche Leben, das wir ohne unser Zutun empfangen, trägt in sich das Recht auf seine Erhaltung. (...) Willkürlich ist jede bewußte Tötung unschuldigen Lebens." Nur wenn ein unheilbar Kranker selbst bei klarem Verstand und voller Einsicht in seine Situation die Beendigung seines Lebens wünsche, könne der Arzt auf dessen künstliche Verlängerung verzichten; töten dürfe er den Kranken jedoch nicht, „solange das Leben des Kranken noch seine eigenen Forderungen stellt, solange also der Arzt nicht nur dem Willen, sondern auch dem Leben des Kranken noch verpflichtet ist".

Erst recht lasse sich die Tötung unschuldigen Lebens nicht mit der Rücksicht auf die Gesunden oder mit dem „Nutzwert" eines solchen Lebens für die Gemeinschaft begründen. Zum einen dürfe dann „sozial wertvolles Leben" nicht mehr zur Rettung „möglicherweise weniger wertvollen Lebens" eingesetzt werden, im Krieg oder irgendeiner Lebensgefahr, zum andern habe jedes von Gott geschaffene Leben in sich ein vom „sozialen Nutzwert" unabhängiges Existenzrecht. Bonhoeffer: „Es gibt vor Gott kein lebensunwertes Leben; denn das Leben selbst ist von Gott wertgehalten. (...) Wo sollte auch, außer in Gott, der Maßstab für den letzten Wert eines Lebens liegen?"

Friedensfühler in England

Erfolglos blieb Bonhoeffers Versuch, die englische Regierung von einem bevorstehenden Staatsstreich in Deutschland zu informieren und um die Tolerierung einer neuen Staatsführung zu bitten.

Bonhoeffers Verbindungsmann war sein alter Freund George Bell, Bischof von Chichester, Mitglied des britischen Oberhauses, den er aus der gemeinsamen ökumenischen Arbeit kannte. Ein Vordenker der Versöhnung und Friedenskämpfer mit Ideen, immer bereit, sich im eigenen Land unbeliebt zu machen, wenn es um eine neue Ordnung zwischen den Völkern ging: Bell und der Erzbischof von Canterbury planten, sofort nach Kriegsende eine Weltkirchenkonferenz unter Einbezug der deutschen Protestanten einzuberufen, um das Klima zwischen den verfeindeten Nationen zu verbessern und den Boden für einen politischen Friedensgipfel zu bereiten. Aufgeschlossene christliche Kreise wie die *Peace Aims Group* oder die Zeitschrift *Christian News Letter* suchten mit Bells Hilfe das Gespräch mit der Bekennenden Kirche in Deutschland und diskutierten bereits über einen Frieden, der kein einseitiges Diktat darstellen und die Fehler von Versailles vermeiden sollte.

Der Kontakt beschränkte sich keineswegs auf unverbindliche Gedankenspiele: Am 31. Mai 1942 übergab Bonhoeffer in Stockholm dem Freund eine detaillierte Namensliste für eine neue deutsche Regierung nach Hitlers Sturz. Für den Fall, daß England eine Monarchie bevorzugen würde, boten die Widerständler den Hohenzollernprinzen Louis Ferdinand an, der in den USA in einer Ford-Fabrik gearbeitet habe und „ausgesprochen soziale Interessen" erkennen lasse.

Bell gab die Informationen an Außenminister Eden weiter. In seinem ausführlichen Memorandum wollte er von Anthony Eden wissen, ob die Alliierten „unter der Voraussetzung, daß das ganze Hitlerregime vernichtet sei", zu Friedensverhandlungen mit einer neuen deutschen Regierung bereit wären – etwa über ein System gerechter wirtschaftlicher Beziehungen zwischen den europäischen Nationen als „stärkste mögliche Garantie gegen Militarismus", über die Einrichtung einer „repräsentativen Föderation freier Nationen (...) einschließlich einer freien polnischen und einer freien tschechischen Nation" und über die Einrichtung einer „europäischen Armee zur Kontrolle Europas, von der die deutsche Armee einen Teil bilden könnte, unter zentraler Befehlsgewalt".

Doch Churchill (der später das Attentat vom 20. Juli 1944 als interne „Affäre unter den Nazi-Führern" abtun sollte) hatte den Russen gerade erst versprochen, mit keiner deutschen Regierung zu verhandeln, die nicht klar auf alle Angriffsabsichten verzichte – da schien das Angebot aus den Widerstandskreisen zu vage. Wußte man denn, wer sich wirklich dahinter verbarg? Im Londoner Foreign Office wurde Bischof Bells Memorandum zwar mit Interesse gelesen. Doch die mittlerweile zugänglichen Protokollnotizen zeigen, daß die Vorschläge keine Chance hatten: Auf dem langen Dienstweg wurde Hürde um Hürde des Mißtrauens aufgebaut. Bereits der Privatsekretär des Parlamentarischen Unterstaatssekretärs, Geoffrey Harrison, dem offensichtlich die erste Prüfung oblag, kam zu der Einschätzung, daß es diese *elements of an anti-Nazi movement,* Elemente einer Widerstandsbewegung aus „weiten Kreisen" Deutschlands tatsächlich gebe, „daß es aber Gründe – wenn auch keinen exakten Beweis – für den Verdacht gibt, daß sie vielleicht von der deutschen Geheimpolizei für deren eigene Zwecke benutzt werden, ohne daß die Bewegung das weiß".

Sir Frank Kenyon Roberts, Erster Sekretär im Außenministerium, an den das Memorandum weitergeleitet wurde, bescheinigte den Widerständlern zwar Friedensliebe und *good faith,* guten Glauben, fand aber gerade in ihrer „hochgesinnten preußischen Geistestradition" einen Grund zur Skepsis. Roberts: „Diese Leute schauen natürlich nach einem starken bewaffneten Deutschland aus, das weiterhin einen Einfluß in Europa ausübt, der entscheidend sein muß. Leider ist es tatsächlich so, daß jede föderale Neuorganisation Europas, zu deren Mitgliedern ein starkes bewaffnetes Deutschland gehört, ein Europa unter der Vorherrschaft Deutschlands sein muß. Die ganze Grundlage dieses Ansatzes, obwohl ohne Zweifel dies das Höchste ist, was von patriotischen Deutschen erwartet werden kann, ist völlig unvereinbar mit unserer eigenen, in der Atlantikcharta herausgestellten Politik, mit unseren wesentlichen Interessen und mit unseren Verpflichtungen gegenüber unseren Verbündeten."

Harrison, Roberts und die anderen an der Diskussion beteiligten Beamten im Foreign Office warnten vor dem „Risiko", Bonhoeffer und den übrigen Agenten aus Deutschland irgendeine Antwort auf ihre Vorschläge zukommen zu lassen. Während jedoch Sir Roberts immerhin dafür plädierte, weiter Kontakt zu halten und die Widerstandskräfte zu ermutigen, weil sie gegenwärtig die „einzige auflösende Kraft" in Deutschland darstellten, notierte der letzte der damit befaßten Fachleute, Unterstaatssekretär Lord William Strang, mürrisch: „Der Bischof von Chichester und seinesgleichen haben nichts gelernt aus zwei deutschen Kriegen und versuchen jetzt geschäftig in aller Unschuld, die Fundamente eines dritten zu legen."

Kriegs- und Außenminister Anthony Eden kommentierte die Ausführungen seiner Zuarbeiter mit einem einzigen Satz: *I agree,* „ich stimme zu". Bischof Bell blieb ohne Antwort, und der Privatsekretär Harrison legte das Memorandum am 14. August ordnungsgemäß zu den Akten.

Bell gab sich damit nicht zufrieden. Er ging jetzt zum amerikanischen Botschafter in London, John Winant, der sich sehr interessiert zeigte, aber aus Washington ebenfalls keine Antwort beschaffen konnte. Im folgenden Frühjahr stellte der Bischof im britischen Oberhaus erneut die Frage, ob die Regierung gewillt sei, zwischen Nazis und Antifaschisten in Deutschland zu unterscheiden. Ein Regierungssprecher antwortete, man stimme mit Stalin darin überein, „erstens daß Hitlers Staat vernichtet werden muß, und zweitens, daß damit nicht das deutsche Volk zum Untergang verdammt ist, wie Dr. Goebbels ihm einzureden versucht".

Die Oberhausdebatte fand am 10. März 1943 statt. Am 13. März schmuggelten deutsche Wehrmachtsoffiziere ein Päckchen mit zwei Zeitbomben in Hitlers Flugzeug. Hans von Dohnanyi hatte den Sprengstoff in Berlin zum Bahnhof befördert – in Professor Bonhoeffers Auto – und dann zusammen mit Canaris nach Smolensk geschafft, von wo der „Führer" nach einem Besuch bei der Armee nach Deutschland zurückfliegen wollte. In Berlin war alles für einen Staatsstreich vorbereitet.

Doch die Zündung versagte, das Flugzeug stürzte nicht ab. Ein weiterer Versuch, Hitler auszuschalten, scheiterte eine Woche später: Generalmajor Freiherr Rudolf von Gersdorff, der als Offizier bei der Abwehr tätig war, wollte sich dem Diktator bei der Besichtigung russischer Beutestücke im Berliner „Zeughaus" nähern, Bomben in den Manteltaschen, und Hitler und sich selbst in die Luft sprengen. Doch der „Führer" verließ das Zeughaus entgegen der offiziellen Planung bereits nach wenigen Minuten.

Obwohl beide Attentatsversuche unentdeckt blieben, waren Bonhoeffer und seine Freunde in den folgenden Wochen ständig auf dem Sprung: Sie wußten, daß ihre Telefone abgehört wurden.

Das – Gestapo und Kripo vereinigende, von Reinhard Heydrich aufgebaute – Reichssicherheitshauptamt, das um seine Kompetenzen fürchtete, beobachtete die Schritte der militärischen Abwehr genau, in der Hoffnung, den Rivalen etwas anhängen zu können. Auch in der Polizeibehörde gab es eine Abteilung „Gegnererforschung und -bekämpfung"; die Spionageabwehr wollten die „Zivilisten" nicht allein der militärischen Konkurrenz überlassen. Admiral Canaris galt ohnehin als unzuverlässiger Kamerad, seit er mit Hinweis auf das Völkerrecht gegen die Behandlung sowjetischer Kriegsgefangener protestiert hatte (die nicht als ehrenhafte Soldaten galten und zum Beispiel auf der Flucht ohne vorherigen „Halt!"-Ruf erschossen werden konnten). Die Spitzel waren erfolgreich: Bonhoeffers unmittelbarer Vorgesetzter in der Abwehr stolperte über ein Devisenvergehen. Im Zuge dieser Ermittlungen wurde am 5. April 1943 – mehr zufällig – auch Dietrich Bonhoeffer verhaftet.

Als er an diesem Tag von seinem Elternhaus bei den Dohnanyis anrief, meldete sich eine fremde Männerstimme. Sofort war ihm klar, was das zu bedeuten hatte: Haussuchung, Gestapo! Gelassen brachte er seinen Schreibtisch in Ordnung, legte – als Ablenkungsmanöver – einige getürkte Briefe und ein bewußt für die Geheimpolizei geschriebenes Tagebuch bereit und ging ins Nachbarhaus zu den Schleichers hinüber, um bei seiner Schwester Ursula vor der erwarteten Gefängniskost noch einmal ein kräftiges Mittagessen zu genießen. Dann wartete er ruhig auf die beiden Gestapobeamten, die ihn ins Militärgefängnis Tegel brachten.

5
Berlin, Buchenwald, Flossenbürg: Ein Häftling leistet sich die Freiheit des Denkens

„In mir ist es finster, aber bei Dir ist das Licht“

*„Noch lieben wir das Leben,
aber ich glaube, der Tod kann uns nicht mehr sehr überraschen“*

„Sind wir noch brauchbar?“

Die Isolierhaft in der winzigen Tegeler Zelle setzte dem sonst so beherrschten Mann schwer zu. Kein Mensch sprach mit ihm in den ersten zwei Wochen. Kein Brief, kein Besuch, keine Andeutung, warum er verhaftet worden war (den Haftbefehl bekam er erst nach einem halben Jahr zu sehen) und worauf er sich einzustellen hatte.

„Von außen drangen in meine Zelle zum erstenmal jene wüsten Beschimpfungen der Untersuchungsgefangenen durch das Personal, die ich seither täglich von morgens bis abends gehört habe", notierte er später. „Von dem eigentlichen Betrieb im Hause bekam ich in diesen ersten Tagen völliger Isolierung nichts zu sehen; nur aus dem fast ununterbrochenen Schreien der Schließer formte ich mir ein Bild von den Vorgängen."

Dietrich wußte weder, was aus seinen Freunden geworden war, noch wieviel Kenntnis die Ermittlungsbehörden über die Aktivitäten der Gruppe hatten. Er fürchtete, unter der Folter seine Mitstreiter zu verraten. Jener Hauptmann Wilhelm Schmidhuber – Brauereibesitzer und portugiesischer Honorarkonsul in München –, der in der Abwehr zu Bonhoeffers Vorgesetzten und Dohnanyis Vertrauten gehört hatte, jener Schmidhuber, der wegen Devisenunregelmäßigkeiten verhaftet worden war, hatte vom Unternehmen „U 7" gewußt und von den Tricks, mit denen man Bonhoeffer vom Wehrdienst freibekommen hatte. Ahnte er auch, was der Abwehragent Bonhoeffer bei seinen Auslandsreisen wirklich getrieben hatte? Würde man nun dort in der Abwehr das Unterste zuoberst kehren, um weitere Vergehen aufzudecken?

Bei der Festnahme Dohnanyis hatte die Gestapo brisante Dokumente in die Hand bekommen, die für Bonhoeffers geplante Reisen nach Rom und Genf bestimmt waren. Wieder einmal ging es um das Gesicht eines alternativen deutschen Staatswesens nach dem Sturz der Hitler-Herrschaft und um den Beitrag der christlichen Kirchen zu einer neuen Gesellschaftsordnung nach dem Krieg. Wie sich der Umsturz vollziehen sollte, davon stand zwar nichts in den Papieren, aber allein der Gedanke an ein Deutschland ohne Nazis und an einen gerechten Frieden galt damals als Hochverrat. Vom Beitrag des Papstes und des englischen, amerikanischen, holländischen, norwegischen Protestantismus zu einer dauerhaften Friedensordnung war die Rede und von der Zusammenarbeit des Vatikans (federführend: der deutsche Jesuit Professor Ivo Zeiger, Rektor des Collegium Germanicum und Wehrmachtsoffizier des Ersten Weltkriegs) mit den deutschen evangelischen Kirchen; für einen Gestapobeamten waren das schlicht „landesverräterische Umtriebe".

„Selbstmord, Schlußstrich, Fazit!"

Bonhoeffer hatte Angst. Von „grauenhaften Eindrücken" schrieb er, die ihn oft bis in die Nacht verfolgten. „Selbstmord", kritzelte er verzweifelt auf einen Zettel, „nicht aus Schuldbewußtsein, sondern weil ich im Grunde schon tot bin, Schlußstrich, Fazit".

Der Häftling Bonhoeffer brauchte Monate, um den nüchternen Realismus von einst wiederzufinden. Alles, nur keine Resignation, nur keine Flucht vor der Verantwortung, eine bessere Gesellschaft für die künftigen Generationen aufzubauen! „Mag sein, daß der Jüngste Tag morgen anbricht, dann wollen wir gern die Arbeit für eine bessere Zukunft aus der Hand legen, vorher aber nicht."

Man könne auch auf einer Pritsche schlafen und sich an

trockenem Brot satt essen, schrieb er am 14. April beruhigend an seine Eltern, als man ihm endlich einen Brief erlaubte. Alleinsein sei für ihn gar nicht so schlimm und ungewohnt. „Quälend ist oder wäre nur der Gedanke, daß Ihr Euch um mich ängstet und quält, daß Ihr nicht richtig schlaft und eßt. Verzeiht, daß ich Euch Sorge mache, aber ich glaube, daran bin diesmal weniger ich als ein widriges Schicksal schuld."

Von da an durfte er jeden zehnten Tag nach Hause schreiben. Im zweiten Brief bedankte er sich für Wäsche und Lebensmittel, die von der Familie für ihn abgegeben worden waren: „Einfach die Tatsache der Nähe, das handgreifliche Zeichen dafür, daß Ihr immer an mich und für mich denkt – was ich ja eigentlich sowieso weiß –, das ist etwas so Beglückendes, daß es durch den ganzen Tag hindurch trägt. Habt vielen, vielen Dank für alles! Es geht mir weiter gut, ich bin gesund, darf täglich eine halbe Stunde ins Freie, und nachdem ich nun auch wieder rauchen kann, vergesse ich manchmal sogar für kurze Zeit, wo ich eigentlich bin!"

Am 5. Mai, vier Wochen ist er jetzt inhaftiert, stellt er staunend eine „natürliche Gewöhnung" an die Zelle fest. Er hat sich eine Dürer-Graphik aus der Zeitung aufgehängt, und irgend jemand hat ihm sogar Blumen bringen dürfen. „Von den 14 Stunden des Tages gehe ich etwa drei in der Zelle spazieren, viele Kilometer, außerdem $^1/_2$ Stunde im Hof." Und als er nach fünf Monaten endlich Messer und Gabel ausgehändigt bekommt (vielleicht hat die Gefängnisverwaltung gefürchtet, er könne sich damit umbringen), scheint ihm das ziemlich überflüssig; er habe ganz gut gelernt, die Margarine mit dem Löffel auf das Brot zu streichen.

Neben dem tapferen Galgenhumor stehen freilich Wut, Angst, Glaubenszweifel. Die Sonne fehle ihm, schreibt er dem Freund Bethge an einem heißen Junitag; „weißt Du, ich möchte sie einmal wieder richtig spüren in ihrer ganzen Macht, wenn sie einem auf die Haut brennt und allmählich den ganzen Körper zum Glühen bringt, so daß man wieder weiß, daß man ein leibliches Wesen ist, ich möchte mich von ihr, statt von Büchern und Gedanken, müde machen lassen (...)"

Das Aufstehen am Morgen falle ihm am schwersten, vertraut er Bethge an, er fühle sich „um Jahre älter". An die körperlichen Entbehrungen gewöhne man sich, aber nicht an die seelischen Belastungen. „Ich frage mich selbst oft, wer ich eigentlich bin, der, der unter diesen gräßlichen Dingen hier immer wieder sich windet und das heulende Elend kriegt, oder der, der dann mit Peitschenhieben auf sich selbst einschlägt und nach außen hin (und auch vor sich selbst) als der Ruhige, Heitere, Gelassene, Überlegene dasteht und sich dafür (d. h. für diese Theaterleistung, oder ist es keine?) bewundern läßt? Was heißt Haltung eigentlich? Kurz, man kennt sich weniger denn je über sich selbst aus und legt auch keinen Wert mehr darauf (...)"

Wie er jetzt erfuhr, war der Gestapo gar nicht klar, daß sie ein Verschwörernest ausgehoben hatte. Die undurchsichtigen Auslandskontakte, die ständigen Reisen, die Ungereimtheiten im Unternehmen „U 7" (wo waren die als Juden getarnten deutschen Spione geblieben?) machten Bonhoeffer zwar verdächtig; daß er sich dem Kriegsdienst entzogen hatte, konnte man mit einiger Mühe als „Wehrkraftzersetzung" auslegen; aber für eine Anklage wegen Landesverrat fehlten die Indizien. Außerdem schrumpften Bonhoeffer, Josef Müller und die übrigen Verhafteten zusehends auf die Rolle unbedeutender Nebenfiguren; die beiden, um die es wirklich ging, waren Dohnanyi und Canaris (dem man freilich noch nichts nachweisen konnte).

Die Konspiration konnte jedenfalls mehr als ein Jahr lang weitergehen, bis zum fehlgeschlagenen Attentat auf Hitler am 20. Juli 1944. Bonhoeffer begann wieder auf einen politischen Umsturz und sogar auf eine Freilassung zu hoffen. Denn die in verschiedenen Gefängnissen einsitzenden Freunde verstanden es, ihre eigentliche Widerstandstätigkeit gut zu tarnen und ihre Aussagen mit einem raffinierten Verständigungssystem aufeinander abzustimmen. Bonhoeffer schaffte es meisterlich, sich dumm zu stellen: „Ich bin der letzte, der bestreiten wollte, daß mir in einer mir so fremden und neuartigen und an sich schon so komplizierten Tätigkeit, wie es der Abwehrdienst ist, Fehler unterlaufen sein könnten", ließ er den

Oberstkriegsgerichtsrat Dr. Manfred Roeder wissen. (Roeder leitete die Ermittlungen gegen die Dohnanyi-Gruppe und galt als scharfer Hund; eben hatte er das Verfahren gegen die *Rote Kapelle* abgeschlossen, die mit der Sowjetunion kooperierte und die Kriegsindustrie sabotierte, und 75 Menschen zum Tod verurteilt.)

Als die strenge Isolierhaft gelockert wurde, brachten Verwandte und Bekannte Bücher in die Haftanstalt, in denen alle zehn Seiten – von hinten beginnend – ein einzelner Buchstabe fast unmerklich mit einem Bleistiftpunkt versehen war. Auf diese Weise ließen sich exakte Botschaften ins Gefängnis und nach draußen schmuggeln.

Auch wenn diese Briefe mit Hilfe findiger Mitgefangener und nicht ganz linientreuer Wärter an der Zensur vorbeigeleitet wurden – verfängliche Äußerungen waren dennoch geschickt verschlüsselt, wie es in Diktaturen und Zuchthäusern üblich ist. Man konnte nie wissen, wem so eine Korrespondenz in die Hände fiel. „Lies mal Exodus 23,7!" bat Dietrich scheinbar nebenher – und Eberhard Bethge wußte sofort, daß den Freund die Euthanasie umtrieb, die immer perfekter organisierte Tötung „minderwertigen" Lebens. Denn die einschlägige Stelle in der hebräischen Bibel lautet: „Wer unschuldig und im Recht ist, den bring nicht um sein Leben."

Bonhoeffer half seinen Mithäftlingen, indem er ihnen juristische Beratung oder – vor allem bei unerlaubter Entfernung von der Truppe – günstige psychiatrische Gutachten seines Vaters vermittelte. Dem einen oder anderen bettelarmen Gefangenen finanzierte er kurzerhand einen Rechtsanwalt. „Allmählich gehört man sozusagen zum Inventar und hat manchmal sogar weniger Ruhe, als man wünscht", bemerkte er im März 1944 gegenüber dem Freund Bethge. Als Gefängnissanitäter verfaßte er ein sehr kritisches Gutachten über die unzureichenden Schutzvorrichtungen bei Luftangriffen, die auch in Tegel Tote und Verletzte forderten (die Denkschrift war offenbar für seinen Onkel, den Stadtkommandanten, bestimmt). Und er brachte humane Wärter dazu, die Eßrationen nachzuwiegen.

Die Pakete, die er von seiner Familie erhielt, teilte er mit

Gefangenen, die draußen niemanden hatten. Zu festen Zeiten hielt er sich im Krankenrevier auf, wo ihn Kameraden mit juristischen Problemen oder Glaubensfragen zu treffen wußten. Dabei weitete sich sein Blick; er verlor die letzten Reste elitären großbürgerlichen Standesdünkels und staunte über den geistigen Horizont, aber auch die moralische Kraft „proletarisch" geprägter, kirchenfern lebender Regimegegner. Diese wiederum waren beeindruckt von seiner Offenheit, vor allem aber von Bonhoeffers scheinbar unerschütterlicher Gelassenheit im größten Chaos.

Der italienische Offizier Gaetano Latmiral, Spezialist für Radartechnik, wurde während der Luftangriffe häufig mit Bonhoeffer in einer Zelle eingeschlossen, einmal schlug eine Bombe ganz in der Nähe ein und brachte den Haftraum, in dem sie sich befanden, beinahe zum Einsturz. Doch Dietrich sei ruhig geblieben und habe auch während der schwersten Explosionen unbeirrt weiter geplaudert. Latmiral: „Man konnte sagen, daß er eiserne Nerven hatte. Aber ich denke, es ist anders, ich denke, er hatte eine so feste Hoffnung, daß Gott durch Christus alles wiederbringen wird, alles vollbringen wird, daß nichts verlorengehen wird. Deswegen war er so ruhig, denke ich. In seiner Anwesenheit war es unmöglich, feige zu sein. Man war sozusagen gezwungen, sich würdig zu benehmen."

Wenn der Häftling Bonhoeffer allein in seiner Zelle Nummer 92 im ersten Stock war, allein in einem Raum von zwei mal drei Metern, setzte er sich auf seinen winzigen Schemel, klappte das als Tisch dienende Holzbrett von der Wand herunter und begann zu studieren: Kirchenväter, Barths Dogmatik, Kants Anthropologie, Heidegger, Ortega y Gasset, das abendländische 13. Jahrhundert mit seiner „christlichen, aber antiklerikalen Weltlichkeit", wie er es nannte, Bücher über „Handschrift und Charakter" und das Verhältnis zwischen britischem Empire und den USA. Er las viel, Stifter, Fontane, Goethe, Rilke, Horace Walpole, Dostojewski.

Er begann an einer „Bestandsaufnahme des Christentums" zu arbeiten, die das Mündigwerden des Menschen schildern und danach fragen sollte, was christlicher Glaube eigentlich sei („Was glauben wir wirklich? d. h. so, daß wir mit unserem Leben daran hängen?"). Der Text ist leider verloren, nur ein Gliederungsentwurf blieb erhalten. Er schmuggelte faszinierende Gedankensplitter aus der Zelle, die später, unter dem Titel *Widerstand und Ergebung* veröffentlicht, die Theologie des 20. Jahrhunderts entscheidend beeinflußten. Und er schrieb schlichte Gebete für seine Knastkameraden:

> „Gott, zu Dir rufe ich in der Frühe des Tages.
> Hilf mir beten
> und meine Gedanken sammeln zu Dir;
> ich kann es nicht allein.
>
> In mir ist es finster,
> aber bei Dir ist das Licht;
> ich bin einsam, aber Du verläßt mich nicht;
> ich bin kleinmütig, aber bei Dir ist die Hilfe;
> ich bin unruhig, aber bei Dir ist der Friede;
> in mir ist Bitterkeit, aber bei Dir ist die Geduld;
> ich verstehe Deine Wege nicht, aber
> Du weißt den Weg für mich.
>
> (...)
>
> Vor Dir denke ich an all die Meinen,
> an die Mitgefangenen und alle, die
> in diesem Hause ihren schweren Dienst tun.
> Herr, erbarme Dich!
> Schenke mir die Freiheit wieder,
> und laß mich derzeit so leben,
> wie ich es vor Dir und vor den Menschen
> verantworten kann.
> Herr, was dieser Tag auch bringt –
> Dein Name sei gelobt!
> Amen.
>
> (...)
>
> Herr, mein Gott, ich danke Dir, daß Du
> diesen Tag zu Ende gebracht hast;

ich danke Dir, daß Du Leib und Seele zur
Ruhe kommen läßt.
Deine Hand war über mir und hat mich
behütet und bewahrt.
Vergib allen Kleinglauben
und alles Unrecht dieses Tages,
und hilf, daß ich allen vergebe, die mir
Unrecht getan haben."

Das Leben ist zum Fragment geworden

„In hundert Jahren ist alles vorbei", hatte ein besonders witziger Vorgänger auf die Wand der Zelle 92 gekritzelt. Es gab Phasen, da schaffte es auch Dietrich Bonhoeffer ganz gut, die quälenden Gedanken an die Familie draußen und die Angst vor der Zukunft wegzuschieben. Im März 1944 – es war Passionszeit – vertraute er seinem Freund Eberhard an, wie peinlich es ihm sei, wenn er in mitfühlenden Briefen von seinem „Leiden" lesen müsse. „Mir kommt das wie eine Profanierung vor. Man darf diese Dinge nicht dramatisieren. Ob ich mehr ‚leide' als Du oder die meisten Menschen heute überhaupt, ist mir mehr als fraglich. Natürlich ist vieles scheußlich, aber wo ist es das nicht?" Selbstmitleid war in der Familie Bonhoeffer immer verpönt gewesen.

Er lernte sich zu fügen. „Noch keinen Augenblick", so ließ er den Freund wissen, habe er seine Rückkehr nach Deutschland aus den USA 1939 bereut. „Ohne jeden Vorwurf denke ich an das Vergangene, und ohne Vorwurf nehme ich das Gegenwärtige hin." Immer wieder schreibt er von Gottes Führung, davon, daß keinem Menschen mehr auferlegt werde, als er tragen könne. „Ich glaube, daß mir nichts Sinnloses widerfährt und daß es für uns alle gut so ist, wenn es auch unseren Wünschen zuwiderläuft." An anderer Stelle deutet er freilich an, es sei gar nicht so einfach, „lieber Gott" zu sagen ...

„Wer bin ich?" so amüsiert er sich über das eigene Image, zweifelnd, selbstironisch, in einem lyrischen Versuch, der am Ende zum Gebet wird:

„Wer bin ich? Sie sagen mir oft,
ich träte aus meiner Zelle
gelassen und heiter und fest
wie ein Gutsherr aus seinem Schloß.

Wer bin ich? Sie sagen mir oft,
ich spräche mit meinen Bewachern
frei und freundlich und klar,
als hätte ich zu gebieten.

Wer bin ich? Sie sagen mir auch,
ich trüge die Tage des Unglücks
gleichmütig, lächelnd und stolz,
wie einer, der Siegen gewohnt ist.

Bin ich das wirklich, was andere von mir sagen?
Oder bin ich nur das, was ich selbst von mir weiß?
Unruhig, sehnsüchtig, krank, wie ein Vogel im Käfig,
ringend nach Lebensatem, als würgte mir einer die Kehle,
hungernd nach Farben, nach Blumen, nach Vogelstimmen,
dürstend nach guten Worten, nach menschlicher Nähe,
zitternd vor Zorn über Willkür und kleinlichste Kränkung,
umgetrieben vom Warten auf große Dinge,
ohnmächtig bangend um Freunde in endloser Ferne,
müde und leer zum Beten, zum Denken, zum Schaffen,
matt und bereit, von allem Abschied zu nehmen?

Wer bin ich? Der oder jener?
Bin ich denn heute dieser und morgen ein andrer?
Bin ich beides zugleich? Vor Menschen ein Heuchler
und vor mir selbst ein verächtlich wehleidiger Schwächling?
Oder gleicht, was in mir noch ist, dem geschlagenen Heer,
das in Unordnung weicht vor schon gewonnenem Sieg?

Wer bin ich? Einsames Fragen treibt mit mir Spott.
Wer ich auch bin, Du kennst mich, Dein bin ich, o Gott!"

Die Ermittlungen zogen sich hin, der Prozeß wurde immer wieder aufgeschoben, Monat um Monat. Daß sich Bonhoeffer mit Hilfe der Abwehr der Einberufung zum Militär entzogen hatte, rechtfertigte den ganzen Aufwand kaum; offenbar hoffte man doch noch etwas Belastenderes zu finden. Das endlose Warten zermürbte ihn. Schwer, die Geduld zu behalten, schrieb er seinen Eltern, wenn man daran denke, wie schnell sich alles in einer fairen Verhandlung klären ließe, „und wenn man schließlich die Aufgaben sieht, die heute draußen auf einen warten". Es erfordere einen ständigen inneren Kampf, „sich Illusionen und Phantasien aus dem Kopf zu schlagen und mit dem Gegebenen sich zufriedenzugeben, weil man dort, wo man die äußeren Notwendigkeiten nicht versteht, an eine innere und unsichtbare Notwendigkeit glaubt. Außerdem – ein Leben, das sich im Beruflichen und Persönlichen voll entfalten kann und so zu einem ausgeglichenen und erfüllten Ganzen wird, wie es in Eurer Generation noch möglich war, gehört wohl nicht mehr zu den Ansprüchen, die unsere Generation stellen darf."

Wie sauer mag dieser Reifungsprozeß dem damals 38jährigen gefallen sein? Seinem Freund Bethge schrieb er wenige Tage später ganz ähnlich: Ihr Leben trage – im Unterschied zu dem der Eltern – „fragmentarischen Charakter". Ein geistiges „Lebenswerk" gebe es im 20. Jahrhundert ohnehin nicht mehr, die Verbindung von „schöner Zwecklosigkeit" und großer Planung sei ausgestorben, die geistige Existenz zum Torso verkommen. „Es kommt wohl nur darauf an, ob man dem Fragment unseres Lebens noch ansieht, wie das Ganze eigentlich angelegt und gedacht war und aus welchem Material es besteht."

In der tristen Zelle 92 entstand – an der Jahreswende 1943/44 – auch jener bereits zitierte Rechenschaftsbericht mit der Frage „Sind wir noch brauchbar?" und den Reflexionen über bloße Gehorsamsethik und mangelnde Zivilcourage, Dummheit und Menschenverachtung, Verrat und Vertrauen und Willen zur Zukunft: „Ob es jemals in der Geschichte Menschen gegeben hat, die in der Gegenwart so wenig Boden unter den Füßen hatten – denen alle im Bereich des Möglichen liegenden Alternativen der Gegenwart gleich unerträglich, lebenswidrig, sinnlos erschienen –, die jenseits aller dieser gegenwärtigen Alternativen die Quelle ihrer Kraft so gänzlich im Vergangenen und im Zukünftigen suchten – und die dennoch, ohne Phantasten zu sein, das Gelingen ihrer Sache so zuversichtlich und ruhig erwarten konnten – wie wir? (...) Wer hält stand? Allein der, dem nicht seine Vernunft, sein Prinzip, sein Gewissen, seine Freiheit, seine Tugend der letzte Maßstab ist, sondern der dies alles zu opfern bereit ist, wenn er im Glauben und in alleiniger Bindung an Gott zu gehorsamer und verantwortlicher Tat gerufen ist, der Verantwortliche, dessen Leben nichts sein will als eine Antwort auf Gottes Frage und Ruf."

„Laßt uns lernen, eine Zeitlang ohne Worte das Rechte zu tun", bat er nüchtern in einem Dramenfragment, an dem er sich um dieselbe Zeit versuchte. „Worte. Was uns selbstverständlich war, hat man zur Phrase gemacht. Wir tun es nicht, weil man es uns in Zeitungen und Versammlungen predigt, sondern weil es uns selbstverständlich ist. Wir lieben von den höchsten Gütern zu schweigen. (...) Welcher Gutgesinnte bringt heute noch die besudelten Worte Freiheit, Brüderlichkeit – ja das Wort Deutschland über die Lippen?"

Studieren, lesen, beim Schreiben neue Themen und Gattungen ausprobieren – so erhält sich der Häftling Bonhoeffer geistige Frische und einen inneren Freiraum. Ein entschlossen gezimmertes Gerüst äußerer Disziplin hilft ihm dabei: Er steht jeden Tag um sechs Uhr auf, wäscht sich kalt ab, macht Gymnastikübungen. Wie es weitergeht, berichtet er den Eltern in einem Brief vom 13. Oktober 1943: „Morgens nach dem Frühstück, also ab 7 Uhr ungefähr, treibe ich Theologie, dann schreibe [ich] bis Mittag, nachmittags lese ich, dann kommt ein Kapitel aus der Weltgeschichte von Delbrück, etwas englische Grammatik, aus der ich noch allerlei lernen kann, und schließlich, je nach der Verfassung, schreibe oder lese ich wieder. Abends bin ich dann müde genug, um mich gern hinzulegen, wenn auch noch nicht zu schlafen."

Die literarischen Versuche, die auf Zelle 92 entstehen, dienen auch der Selbstvergewisserung, der Aufarbeitung der Vergangenheit – und sie helfen ihm, das Loslassen zu lernen, mit dem drohenden Verlust seiner geistigen und familiären Heimat fertig zu werden. Bonhoeffer an Bethge: „Für mich ist diese Auseinandersetzung mit der Vergangenheit, der Versuch, sie festzuhalten und wiederzugewinnen, vor allem die Furcht, sie zu verlieren, fast die tägliche Begleitmusik meines hiesigen Lebens (...)"

Das Dramenfragment und der ebenfalls bald abgebrochene Roman kreisen beide um die Geschichte einer bürgerlichen Familie. Zwei verwundete Soldaten sind die Helden des Bühnenstücks, der desillusionierte Hafenarbeiter Heinrich und der Arztsohn Christoph. Heinrich hat einst wie ein reiner Tor herumlungernde Straßenkinder mit Essen versorgt und nachts heimlich in der Bibel gelesen. Aber im Krieg haben sie ihn zum Krüppel geschossen und gegen seinen Willen im Lazarett ins Leben zurückgeholt, „als ein Flickwerk, das vielleicht ein paar Jahre hält", und jetzt sieht er sich verloren: „Gott wollte meinen Tod, er kam zur rechten Zeit, die Menschen wollten mein Leben und nun gehöre ich dem Teufel." Mißtrauisch begegnet der Proletarier dem studierten Arztsohn, der immer so druckreif über hohe Werte redet – aber er beneidet ihn auch: „Ihr habt ein Fundament, ihr habt Boden unter den Füßen, ihr habt einen Platz in der Welt, für euch gibt es Selbstverständlichkeiten, für die ihr einsteht und für die ihr euch auch ruhig den Kopf abschlagen lassen könnt, weil ihr wißt, daß eure Wurzeln so tief liegen, daß sie wieder treiben werden."

Der ebenfalls todgeweihte Christoph gibt sich zwar als Idealist. Die „großen Worte", sagt er, gehörten nicht in den Mund der Masse und in die Schlagzeilen, „sondern in die Herzen der Wenigen, die sie mit ihrem Leben hüten (...) Es gibt einen untrüglichen Maßstab für das Große und das Geringe, für das Gültige und Belanglose, für das Echte und das Gefälschte, für das Wort, das Gewicht hat, und für das leichte Geschwätz – das ist der Tod. Wer sich dem Tod nahe weiß, der ist entschieden, aber er ist auch schweigsam (...)" Doch Christoph stellt dieses Schweigen in Frage, als ihn die anderen nicht mehr verstehen: „Das kommt davon, wenn man herrisch sein will, ohne das Zeug dazu zu haben. Theaterheldentum!"

Im Roman, den Bonhoeffer auf karierte DIN-A4-Blätter zu kritzeln begonnen hat, sollen die Kinder zweier befreundeter Familien in einer Kleinstadt in ihre Verantwortung für das Gemeinwesen hineinwachsen. Als er freilich merkt, daß seine Bühnen- und Romanfiguren keine spannenden Dialoge zu führen vermögen, sondern in endlosen philosophischen Selbstgesprächen über Tod und Selbstmord, Gott und Wahrheit und ein besseres Deutschland steckenbleiben, daß er im Stil viel zu sehr an Stifter, Fontane, Keller klebt, die er gerade mit Begeisterung liest, daß er die Welt des Bürgertums verklärt, statt sie fruchtbar zu kritisieren, gibt er die belletristische Arbeit auf. Bonhoeffer ist mitleidlos selbstkritisch geblieben, und er kann damit leben, daß er offenbar nicht zum Stückeschreiber und Romancier geboren ist.

Abgeschlossen hat er dagegen die kleine Erzählung *Leb wohl, Kamerad.* Es ist die Geschichte eines Kriegsversehrten, den man als Wachmann ins Gefängnis abkommandiert hat und der sich dort mit seiner menschlichen Art bei den abgebrühten Kollegen herzlich unbeliebt macht. Flammenwerfer haben das Gesicht des ehemaligen Soldaten zerfetzt, „der Mund hat keine Lippen, die Ohrmuscheln sind nur noch zur Hälfte da", aber seine Augen sehen fremde Not, seine Ohren können zuhören, und sein entstellter Mund spricht unbefangen aus, daß es Unsinn sei, „Leute mit Dumme-Jungen-Streichen" monatelang einzusperren, „die werden dadurch nur verdorben". Es dauert nicht lange, und der untragbare Wachmann mit seinem Menschenwürde-Fimmel wird versetzt.

Eine unromantische Liebesgeschichte

Mit seinen Büchern und der englischen Grammatik, mit Briefeschreiben und dem Romanversuch konnte sich Bonhoeffer immer wieder ablenken, ein paar Stunden, einen Nachmittag. Aber Haft blieb Haft, zwei bittere Jahre lang. Die Freunde draußen waren manchmal froh, daß der Prozeß so oft verschoben wurde; man kannte genug Beispiele von freigesprochenen Angeklagten, die unmittelbar aus dem Gerichtssaal in ein KZ gebracht worden waren, in „Schutzhaft", wie das so schön hieß. Und vielleicht kam ja doch noch der Umsturz.

Der Häftling freilich, der da in seiner winzigen Zelle eingepfercht saß, neben sich den Kübel für die Notdurft, hoch über dem Kopf die Fensterluke mit einer Ahnung von Himmel, Wolken, Sonne, freier Luft, war oft genug der Verzweiflung nahe. „Trennung von Menschen, von der Arbeit, von der Vergangenheit, von der Zukunft", kritzelte er auf einen Zettel. „Zeit vertreiben, -totschlagen. Rauchen in der Leere der Zeit. (...) Flucht vor dem Zeiterlebnis im Traum, Erschrecken beim Erwachen." Eines Abends im April 1944 notierte er mühsam beherrscht, draußen habe er ein paar Vögel singen gehört. „Diese langen, warmen Abende, die ich nun zum zweitenmal hier erlebe, setzen mir etwas zu. Es zieht einen hinaus und man könnte Dummheiten machen, wenn man nicht so ‚vernünftig' wäre."

Am schwersten fiel Dietrich die Trennung von Maria von Wedemeyer, einer gescheiten, lebenslustigen, hübschen Achtzehnjährigen, mit der er sich wenige Monate vor der Verhaftung verlobt hatte. „Nun sind wir fast 1 Jahr verlobt und haben uns noch nie 1 Stunde allein gesehen", vertraute er dem Freund Bethge an. „Ist das nicht ein Wahnsinn?"

Die Beziehung war von Anfang an nicht ohne Konflikte gewesen. Die beiden hatten sich in Finkenwalde kennengelernt, wohin die kleine Maria ihre Großmutter und ihre Vettern und Cousinen zum Gottesdienst begleitete. Als sie achtzehn war, traf er sie auf dem Gutshof der Großmutter wieder. Die alte Dame glich seiner eigenen Großmama, resolut und entscheidungsfreudig, zugleich konservativ und weltoffen, eine entschlossene Parteigängerin der Bekennenden Kirche – wie die ganze Familie. Die Wedemeyers: eine Keimzelle von preußischem Eigensinn, alter pommerscher Landadel, standesbewußt, aber sensibel gegenüber den Problemen der Landarbeiter, deutschnational denkend, doch voller Verachtung für die braunen Rüpel, die mit vaterländischen Gefühlen Schindluder trieben. So neumodische Erfindungen wie Zentralheizung oder Wasserspülung lehnte man für das Gutshaus entrüstet ab, aber die Dorfkirche ließ die Familie aufwendig renovieren, als die älteste Tochter Hochzeit hielt.

Vater Hans von Wedemeyer, ein Landjunker von echtem Schrot und Korn, hatte bis 1933 dem republik- und judenfeindlichen Frontkämpferbund *Stahlhelm* angehört. Eine eigenständige Rolle spielte er aber als enger Vertrauter des Zentrumspolitikers Franz von Papen, Hitlers Vorvorgänger als Reichskanzler. Als der heimliche Monarchist Papen mit seinem „Kabinett der Barone" im November 1932 von der Kanzlerschaft zurücktrat, übernahm Wedemeyer die Leitung seines Berliner Büros und versuchte diese Position zu nutzen, um Hitlers Aufstieg zu bremsen: Papen sollte Hindenburg daran hindern, Hitler zum Reichskanzler zu machen. Vergeblich, der naive Papen trat selbst in das Kabinett des „Führers" ein und bildete sich ein, den politisch unerfahrenen Hitler lenken zu können. Wedemeyer quittierte den Dienst, überstand eine Verleumdungsklage der Nazis, ging 1939 an die Front – „wir leben in des Teufels Gasthaus", stellte er angewidert fest, „und wenn wir den Krieg gewinnen, kommen wir nie mehr heraus" – und fiel 64jährig am 22. August 1942 bei Stalingrad.

Maria und Dietrich verliebten sich ineinander, ohne es recht zu merken. Der prominente Pastor, 36 Jahre alt, bereits recht beleibt, war mit seiner Glatze und Intellektuellenbrille nicht gerade der Traumprinz, von dem ein für Sport und Natur begeistertes junges Mädchen schwärmt. Dietrich seinerseits hat die eigenwillige Abiturientin, die ohne Schuhe (und mit mächtigen Löchern in den Strümpfen) zu Grammophonschlagern durchs Zimmer zu tanzen pflegte und ständig von ihren Pferden redete, anfangs wohl nicht ernst genommen. Außerdem war er ein Patriarch, ziemlich unerfahren mit Mädchen und gewohnt, in ihnen eher die künftige sorgende Hausfrau zu sehen als eine Gesprächspartnerin mit eigenem Kopf und Lebensplan.

Die Traupredigt, die er im Mai 1943 in der Zelle für seinen Freund Eberhard Bethge und seine Nichte Renate schrieb, spricht Bände. Im lehrhaft-autoritären Stil einer Enzyklika wird hier die Pflicht des Mannes eingeschärft, seine Frau herzlich zu lieben, noch mehr aber seine gottgewollte Dominanz: „Es ist die Ehre der Frau, dem Manne zu dienen, ihm eine Gehilfin zu sein (...) Es sind ungesunde Zeiten und Verhältnisse, in denen die Frau ihren Ehrgeiz darin sucht, zu sein wie der Mann (...) Der Ort, an den die Frau von Gott gestellt ist, ist das Haus des Mannes (...) eine Burg im Sturm der Zeit, eine Zuflucht, ja ein Heiligtum (...) Es ist die Berufung und das Glück der Frau, diese Welt in der Welt dem Manne aufzubauen und in ihr zu wirken. (...) Als das Haupt trägt er die Verantwortung für die Frau, für die Ehe und für das Haus (...) er ist der Hausmeister, der ermahnt, straft, hilft, tröstet und der für sein Haus vor Gott steht." Maria wäre über diese Rollenverteilung entsetzt gewesen; sie liebte ihre Freiheit und wollte Mathematik studieren, statt Gutsfrau zu werden.

Zum Glück hat Bonhoeffer die Predigt nicht halten können, und Maria beschränkte sich darauf, in ihrem Tagebuch über die „vielen äußerlichen Gegengründe" einer Verbindung zu sinnieren: „Er ist für sein Alter alt und weise, ist wohl ein rechter Gelehrtentyp. Wie werde ich mit meiner Freude für Tanz, Reiten, Sport, Vergnügen all dies entbehren können?"

Die völlig konträren Rollenbilder und Zukunftsvorstellungen des ungleichen Paares schienen zunächst auch gar nicht so wichtig, es gab genug andere Gründe, die gegen eine Fortführung der Beziehung sprachen: der Altersunterschied, Bonhoeffers ungesicherte Existenz als Pfarrer ohne Anstellung und Universitätsdozent ohne Lehrerlaubnis, seine riskante politische Tätigkeit, von der die Wedemeyers mehr ahnten als wußten. Bei der Großmutter hatte er zwar einen Stein im Brett, die übrige Verwandtschaft aber schlug die Hände über dem Kopf zusammen, und Marias Mutter bat Dietrich verzweifelt um ein Jahr der Trennung und Klärung, als er im November 1942 offiziell um die Hand ihrer Tochter anhielt. Umsonst, am 13. Januar 1943 verlobten sich die beiden, und von da an stand die Familie entschlossen zu der Verbindung, auch als der Bräutigam bald darauf ins Gefängnis wanderte.

Zu diesem Zeitpunkt war Maria noch keine neunzehn. Mit ihrem sturen Eigensinn und einer burschikosen Spontaneität verband sie allerdings einen erstaunlich reifen Realismus – genau das richtige Kapital für die Beziehung zu einem schwierigen und auch noch inhaftierten Mann. In ihren Tagebuchaufzeichnungen findet sich nichts von backfischhafter Schwärmerei. Statt dessen die nüchterne – aber kein bißchen zynische – Analyse, was wirklich hinter dieser unromantischen Liebe steckt, ob sie am Ende nur einen Ersatz für den kurz zuvor gestorbenen bewunderten Vater sucht. Später dann wird sie die Waffen strecken und ihrem Verlobten in die Zelle schreiben: „Vertrauen und Liebhaben läßt sich eben nicht erklären (...) Es war da, als ich Dich kennenlernte – ohne daß ich es wußte, ohne daß ich es mir eingestanden hätte. Glaub, daß ich ehrlich gegen mich bin, und doch hab ich lange das Gegenteil gedacht – bis ich versuchte Dich fortzudenken. Und nun weiß ich, daß es nicht mehr geht und daß ich mich dann immer gleich mitfortdenken muß."

Maria und Dietrich, beide waren sie fähig, über ihre Klischeevorstellungen hinauszuwachsen und sich überraschen zu lassen. Dietrich fand es interessant, daß Maria Mathematikerin werden wollte und ganz anders war, als er sich die ideale Frau vorstellte – und Maria wollte herausbekommen, warum dieser Mensch ausgerechnet theologische Bücher schrieb, die sie immer für langweilig gehalten hatte. Eine ganz gute Basis, jemanden liebzugewinnen und nicht nur ein Abziehbild der eigenen Träume zu suchen.

Lernfähiger Patriarch

Maria schrieb ihrem Dietrich zauberhafte Briefe in die Haft. „Ich hab einen Kreidestrich um mein Bett gezogen etwa in der Größe Deiner Zelle", läßt sie ihn wissen. „Ein Tisch und ein Stuhl steht da, so wie ich es mir vorstelle. Und wenn ich da sitze, glaube ich schon beinah, ich wäre bei Dir." Wenn sie Post von ihm bekommt, findet sie es faszinierend, „daß solch ein Brief vor nicht langer Zeit bei Dir war, in Deiner Zelle, die ich doch so gern auch einmal sehen möchte, vor Dir auf Deinem Tisch lag und Dir gehörte. – Schade, daß Du Dich nicht selbst einfach einmal in einen Umschlag stecken kannst und herschicken. Nur würden sie Dich dann wahrscheinlich bei der Kontrolle doch herauswerfen."

Dietrich mußte seine Grüße zunächst in aller Kürze den einzig erlaubten Briefen an die Eltern – alle zehn Tage – einfügen, erst nach Abschluß der monatelangen Verhöre wurden ihm eigene Schreiben an die Braut gestattet. Seine Worte erschienen ihr „wie eine offene Hand, die ich anfassen kann, die ich lieb habe und an der ich mich festhalten will". Sehen durften sich die beiden zum ersten Mal am 24. Juni 1943 – mehr als zweieinhalb Monate nach der Verhaftung – in der überwachten Besucherzelle, von da an gab es in der Regel einmal pro Monat eine Sprecherlaubnis. Eine abartige Situation; „wir sitzen alle Monate eine Stunde brav wie auf der Schulbank nebeneinander und werden wieder auseinandergerissen", erzählt er Eberhard Bethge mit gewohntem Galgenhumor, „wir wissen so gut wie nichts voneinander, haben nichts miteinander erlebt, denn auch diese Monate erleben wir ja getrennt. Maria hält mich für einen Ausbund an Tugend, Musterhaftigkeit und Christlichkeit, und ich muß, um ihr Beruhigung zu verschaffen, Briefe schreiben wie ein alter Märtyrer, und ihr Bild von mir wird dadurch immer falscher. Ist das nicht für sie eine unmögliche Situation?"

Die blutjunge Verlobte zeigt ungeahnte Stärke, aber natürlich leidet sie genauso unter der ewiglangen Trennung. „Es ist schade, daß ich mich nicht als Miniaturausgabe mal in Deine Jackentasche stecken kann", schreibt sie Dietrich sehnsüchtig nach so einem Kurzbesuch. „Du würdest mich dann in Deiner Zelle hervorholen und wir könnten uns lange und ungestört unterhalten."

Marias spitzbübische Zärtlichkeit kann die Konflikte nicht aus der Welt schaffen, die zwischen den beiden so grundverschiedenen Menschen schwelen und in den Briefen sich manchmal Bahn brechen, etwa in dem Dauerstreit über literarische Geschmacksfragen. Dietrich will unbedingt, daß Maria Stifter mit seiner „Reinheit der Sprache und der Gestalten" kennenlernt, und kann gar nicht verstehen, daß sie die ausladende Epik seiner Romane öde findet. Maria wiederum möchte ihn für ihren Lieblingsdichter Rilke begeistern und erntet höfliche Ablehnung („ich bin irgendwie auf einen anderen Ton gestimmt"). Gegenüber seinem Freund Bethge wird Bonhoeffer deutlicher: „Leider bin ich auf literarischem Gebiet mit Maria noch nicht konform", berichtet er gekränkt. „Aber ich denke, es ist nur eine Sache der Zeit. Ich mag es garnicht, wenn Frauen und Männer verschiedener Meinung sind. Sie müssen zusammen wie ein uneinnehmbares Bollwerk dastehen. Findest Du das nicht auch?" Marias Generation sei leider mit einer „sehr schlechten zeitgenössischen Literatur" groß geworden und finde deshalb nur schlecht Anschluß an die „wirklich guten Sachen".

Auch die eigenständige Religiosität der Neunzehnjährigen mag dem Berufstheologen Bonhoeffer Probleme bereitet haben. Sie erzählt von Bibeltagen, bei denen lang und breit Ansichten und Meinungen über die Auferstehung ausgetauscht worden seien, und meint, wenn man über eine „reine Glaubenssache" derart endlose Streitgespräche führen müsse, zeige man nur, daß man den Glauben daran längst verloren habe. Und wenn sie beim Gottesdienst „leer und verständnislos" bleibt, möchte sie am liebsten wieder hinausgehen: „Glaubst Du nicht, daß man grade in einer richtigen Gemeinde dadurch, daß man nicht in einer Richtung mit ihnen streben kann, auch die andern hindert, grade vorwärts zu gehen."

Wahrscheinlich haben die Mißstimmungen auch die seltenen Begegnungen im Tegeler Besuchszimmer getrübt und sich dort nicht so gut verbergen lassen wie in den um Harmonie bemühten Briefen. Im Frühsommer 1944 bittet Maria Dietrich jedenfalls plötzlich, sich eine Zeitlang von ihm zurückziehen zu dürfen, um über die Zukunft der Verlobung nachdenken zu können.

„Laß uns ganz frei miteinander reden", hat er ihr ein paar Wochen zuvor geschrieben. „Es fällt uns manchmal schwer, es zu glauben, daß wir einander wirklich von Herzen lieb haben. Wir kennen uns noch so wenig. Und doch, so oft der Zweifel mich anzufressen beginnen wollte, habe ich ihn vertrieben und verjagt. Wie könntest Du mich liebhaben nach allem Vergangenen? Und doch – es ist irgendwie wahr und wird in Zukunft immer wahrer werden! Es ist ein Keim, der wächst. (...) Wir dürfen nichts erzwingen wollen."

Es ist ein anderer Bonhoeffer, der hier redet, nicht mehr der künftige Eheherr, der sein Mädchen nach den eigenen Maßstäben zu formen sucht und seine Gefühlsgehemmtheit hinter dem autoritären Gehabe eines Oberlehrers versteckt. Es ist ein ganz neuer Mann, noch ein wenig scheu und unbeholfen im Ausdruck von Emotionen, lernfähig, selbstkritisch, dankbar für das Geschenk dieses unverbogenen, gefühlsstarken, liebevollen Menschen. Maria soll ihm doch glauben, bittet er im selben Brief, „daß ich Dich liebe wie Du bist, und weil Du so bist, jung, froh, stark, gut, stolz, (...) höre nicht diese Worte, Maria, höre nur, was sich dahinter nach Dir und nach unserer Zukunft sehnt, sieh' nicht die erstarrten Buchstaben, sondern sieh' hinter ihnen – ich bitte Dich – ein in vielen Stücken verkehrtes, selbstsüchtiges, ungeschicktes, schwaches Herz, das aber auf Erden nur noch Ruhe finden zu können glaubt, wenn sich Dein Herz ihm auftut."

Schon im Vorjahr hat er über das „unverdiente" Glück gegrübelt, das ihm diese Frau bescherte, und nach einem ihrer Besuche hat er ihr gestanden: „Wenn ich nach unserem Zusammensein in meine Zelle komme, dann überwiegt nicht etwa, wie Du vielleicht denken könntest, das Gefühl der Verzweiflung über die Unfreiheit, sondern es überwältigt mich der Gedanke, daß Du mich genommen hast. Es hätte ja soviel so begreifliche Gründe gegeben, aus denen Du hättest Nein sagen können." Im April 1944 bricht es dann aus ihm heraus: „Wie anders könnte Dein Leben heute aussehen – manchmal packt mich dieser Gedanke, wie schwer ich es Dir mache, verzeih, Du hast wahrhaftig Besseres, unendlich viel Besseres verdient – aber dann richte ich mich an Deinen Briefen und an Deinem Hiersein auf und staune und staune, daß ich in Dir lauter Freude, Liebe, Geduld und Stärke finde – ich kann es zwar nicht begreifen, aber glauben kann ich es und mich daran festhalten und durch und durch froh und glücklich darüber werden, meine geliebte Maria!"

Daheim im vornehmen Grunewaldviertel hatte man sich bemüht, den Jungen zum allzeit beherrschten Gentleman zu erziehen, kontrolliert, vernunftbestimmt, kaltblütig im guten Sinn. Bloß keine Gefühle zeigen, nur nicht aus der Rolle fallen! Wie schwer muß dieser Spartanerseele das Bekenntnis geworden sein, „daß ich ohne Dich nicht weiter kann"? In einem aufwühlenden Prozeß lernt er, die weiche Seite in sich zu akzeptieren, Emotionen zuzulassen, den Schutzpanzer zu sprengen.

Im Juni 1944, auf dem Höhepunkt der Beziehungskrise, tut

er etwas, was er in achtunddreißig Lebensjahren noch nie gewagt hat: er schreibt ein Liebesgedicht, ein sehr melancholisches.

„Du gingst, geliebtes Glück und schwer geliebter Schmerz,
wie nenn' ich dich? Not, Leben, Seligkeit.
Teil meiner selbst, mein Herz, – Vergangenheit?
Es fiel die Tür ins Schloß,
ich höre langsam Schritte sich entfernen und verhallen.
Was bleibt mir? Freude? Qual? Verlangen?
Ich weiß nur dies: du gingst – und alles ist vergangen.

Spürst du, wie ich jetzt nach dir greife,
mich an dir festklammere, daß es dir weh tun muß?
Wie ich dir Wunden reiße, daß dein Blut quillt,
nur um deiner Nähe gewiß zu bleiben,
du leibliches, irdisches, volles Leben?
(...)

Ich möchte den Duft deines Wesens atmen,
ihn einsaugen, in ihm bleiben,
wie an einem heißen Sommertag
schwere Blüten die Bienen zu Gast laden
und sie berauschen,
wie Nachtschwärmer vom Liguster trunken werden,
aber ein rauher Windstoß zerstört Duft und Blüten
und ich stehe wie ein Narr
vor dem Entschwundenen, Vergangenen.
(...)

Über deiner Nähe erwach' ich mitten in tiefer Nacht
und erschrecke –
bist du mir wieder verloren? such' ich dich ewig vergeblich,
dich, meine Vergangenheit, meine?
Ich strecke die Hände aus
und bete – –
und ich erfahre das Neue:

Vergangenes kehrt dir zurück
als deines Lebens lebendigstes Stück
durch Dank und durch Reue.
Faß' im Vergangenen Gottes Vergebung und Güte,
bete, daß Gott dich heute und morgen behüte."

Maria hat in dieser aufreibenden Beziehung übrigens auch gelernt. Sie ist keine behütete Tochter mehr, sondern die künftige Frau eines Häftlings, die sich von Vollzugsbeamten dumm anreden lassen muß, um Besuchsgenehmigungen kämpft, Wäschepakete abgibt, geschmuggelte Briefe versteckt. Sie hat teil an seiner Brandmarkung, ist selbst eine Ausgestoßene. 1945 wird sie einen Flüchtlingstreck aus Pommern anführen, Dietrichs kostbare Briefe um den Bauch gebunden. Nach dem Krieg macht sie in Amerika Karriere als Mathematikerin und Computertechnikerin, eine große Computerfirma macht sie zur Leiterin der Entwicklungsabteilung. Von der wachsenden Bonhoeffer-Gemeinde hält sie sich fern, sie will nicht als „Dietrichs Braut" herumgereicht werden und Intimitäten preisgeben. Erst 1976 läßt sie sich bewegen, an einem internationalen Symposion zu Bonhoeffers 70. Geburtstag teilzunehmen. Kurz vor ihrem Tod 1977 regelt sie die Herausgabe des Briefwechsels.

Getrennt haben sich die beiden damals, 1944, jedenfalls nicht. Denn nun überstürzten sich die Ereignisse, und es war keine Zeit mehr für die Beschäftigung mit privaten Krisen.

Das Attentat auf Hitler und ein verwegener Fluchtplan

Es gab immer noch keinen Prozeßtermin. Das Interesse der Ermittlungsbehörden konzentrierte sich auf Hans von Dohnanyi – der freilich auch alles tat, die Pfeile auf sich zu ziehen. So war es unter den Verschwörern besprochen worden. Als versierter Jurist konnte Dohnanyi am besten beurteilen, welche Anklagepunkte sich als „Abwehrgeheimnisse" einstufen und damit möglicherweise der Verhandlung entziehen ließen.

Mit seinem Eifer, die Hauptverantwortung zu übernehmen, provozierte Dohnanyi freilich den glühenden Haß der Ermittler und des Wachpersonals im KZ Sachsenhausen – und im berüchtigten Berliner Kellergefängnis des Reichssicherheitshauptamtes, wohin man ihn im Februar 1945 noch einmal zurückbrachte. Wochenlang lag er todkrank, nach einer Diphtherie halbgelähmt, in einer ungeheizten, feuchten Zelle; auf die Toilette konnte er nicht gehen, und man ließ ihn im eigenen Kot und Urin liegen. „Der Kerl soll ruhig in seiner Scheiße verrecken", freute sich der Kriminalkommissar und SS-Untersturmführer Franz Xaver Sonderegger, der die Untersuchung führte. Möglich, daß Dohnanyi auch gefoltert wurde; das kam im Reichssicherheitshauptamt häufig vor.

Bonhoeffer blieb in diesem Verfahren eine Randfigur. Zu der Anklageschrift, die er im September 1943 erhalten hatte, war nichts Neues dazugekommen:

„Reichskriegsgericht (...) Gegen den Pfarrer Dietrich *Bonhoeffer*, geb. am 4. 2. 1906 zu Breslau, evangelisch, ledig, gerichtlich nicht vorbestraft, seit dem 5. 4. 1943 vorläufig festgenommen im Wehrmachtsuntersuchungsgefängnis Berlin Tegel, wird die Anklage verfügt. Er ist hinreichend verdächtig zu Berlin und an anderen Orten durch zwei selbständige Handlungen

a) im Jahre 1939/40 es unternommen zu haben, durch ein auf Täuschung berechnetes Mittel sich der Erfüllung des Wehrdienstes zeitweise zu entziehen.

b) im Jahre 1942 es unternommen zu haben, andere auf andere Art und Weise ganz, teilweise oder zeitweise der Erfüllung des Wehrdienstes zu entziehen.

– Verbrechen gegen § 5 Abs. 1 Ziffer 3 KSSVO [Kriegssonderstrafverordnung], § 74 RStGB [Reichsstrafgesetzbuch] –"

Man warf Bonhoeffer konkret vor, daß er sich 1939 und 1940 (als er noch nicht bei der Abwehr arbeitete, aber auch noch nicht gemustert war) in mehreren Briefen an das Wehrmeldeamt fälschlich als Angehöriger einer militärischen Dienststelle ausgegeben und daß er versucht habe (in einem Fall über Dohnanyi), einen Pfarramtskandidaten und einen Pfarrerssohn „unabkömmlich" schreiben zu lassen und damit dem Wehrdienst zu entziehen. Strafbar als Verbrechen der „Wehrkraftzersetzung"; darauf stand die Todesstrafe, in

„minder schweren Fällen" aber Zuchthaus oder Gefängnis, es war eine Auslegungssache.

Bonhoeffer hatte durchaus eine Chance – vor allem, wenn die Anklageschrift in den Aktenbergen liegen blieb wie in den letzten Monaten. Oberstkriegsgerichtsrat Roeder war wegbefördert worden, sein Nachfolger interessierte sich nicht besonders für den Pastor und seine Auslandsreisen. Und sogar Roeder hatte schließlich anerkannt, daß Bonhoeffers Unabkömmlichkeitsstellung für die Abwehr seit Anfang 1941 rechtens gewesen sei; damit schienen seine zahlreichen Auslandskontakte kaum mehr verdächtig, und es ging nur noch um die falschen Angaben gegenüber dem Wehrmeldeamt in der Zeit vor seiner Musterung und einer möglichen Einberufung.

Doch da kam der 20. Juli 1944 mit dem gescheiterten Anschlag auf Adolf Hitler. Plötzlich flog der ganze Verschwörerring auf. Überall wurden Mitwisser verhaftet, 190 Hinrichtungen in kurzer Zeit vollzogen. Konfessionelle Bindungen und Beziehungen zur Kirche hätten „in der Verschwörerclique eine große Rolle" gespielt, heißt es in einem Bericht von Ernst Kaltenbrunner – Chef des Reichssicherheitshauptamts – an die Parteikanzlei der NSDAP. Bonhoeffers Schwager Dohnanyi kam ins KZ Sachsenhausen, seinen Onkel Paul von Hase, den Berliner Stadtkommandanten, henkte man in Berlin-Plötzensee.

Auf dem Grundstück eines Mitverschworenen in der Lüneburger Heide tauchten Akten aus Dohnanyis Besitz auf – von so brisantem Inhalt, daß Dohnanyi gesagt hatte, jeder Zettel bedeute ein Todesurteil. Als er verhaftet worden war, hatte die Gestapo den im tiefsten Keller der Abwehrzentrale Zossen versteckten Panzerschrank mit dem Material übersehen. Dohnanyi drängte auf Vernichtung der Akten, aber ein weiterer führender Widerständler, Generaloberst Ludwig Beck (er sollte nach einem erfolgreichen Umsturz „Reichsverweser" werden), beharrte darauf, die Dokumente seien historisch wichtig. Man müsse später der Welt beweisen können, warum der Putsch notwendig gewesen sei. „Ich pfeife auf die Historie", soll Dohnanyi über seine Frau geantwortet haben, „sag ihnen: das kostet Köpfe!"

Man schaffte das belastende Material zu einer Jagdhütte in die Lüneburger Heide und vergrub es dort sechs Meter tief. Aber die Gestapo hatte offenbar einen Hinweis bekommen. Sie grub das ganze Grundstück um und fand unter anderem das Drehbuch für einen Staatsstreich aus der Hand von Generalmajor Oster, Tagebücher von Admiral Canaris mit Notizen über Frontreisen, bei denen er versucht hatte, Truppenkommandeure für den Umsturz zu gewinnen, Protokolle der mit vatikanischer Hilfe geführten Verhandlungen mit britischen Regierungsstellen – und umfangreiche Korrespondenz über Bonhoeffers Auslandsreisen.

Lückenloser hätte man die Kontakte des Pastors zum deutschen Widerstand und den eigentlichen Zweck seiner Fahrten nach Genf, Stockholm, Rom nicht dokumentieren können. Hitler ordnete wutschäumend weitere Untersuchungen an.

Doch im Angesicht des Todes blitzte ein letzter Freiheitsschimmer auf: Unter den Wachsoldaten hatte Bonhoeffer einen Freund gewonnen, den Unteroffizier Knobloch, der die Nazis haßte und schon viele Briefe des Pastors aus Tegel herausgeschmuggelt hatte. Draußen war er Arbeiter gewesen; er kannte die Laubenkolonien der Berliner Proletarierbezirke gut und wußte, daß dort immer wieder verfolgte Sozis und Kommunisten Unterschlupf gefunden hatten. Knobloch wollte sich absetzen und Bonhoeffer – als Monteur verkleidet – mitnehmen.

Ein verwegener Plan, doch Bonhoeffer war jetzt ein Todeskandidat, und die Familie spielte sofort mit: Knobloch bekam ein Paket mit einer Monteurkluft, Lebensmittelkarten und Geld. In den ersten Oktobertagen sollte die abenteuerliche Flucht über die Bühne gehen. Doch am 1. Oktober verhaftete die Gestapo Bonhoeffers Bruder Klaus. Dietrich gab den Fluchtplan unverzüglich auf, um den Bruder (der in der Haft grausam gefoltert und in den letzten Kriegstagen, am 23. April 1945, in Moabit umgebracht wurde), die Eltern und seine Verlobte nicht zusätzlich in Gefahr zu bringen.

Angst vor der Folter

Eine Woche später, am 8. Oktober 1944, wurde Dietrich Bonhoeffer in das gefürchtete Kellergefängnis des Reichssicherheitshauptamtes verlegt. Auf dem Weg zum Waschraum traf er den unmittelbar nach dem Attentat verhafteten Admiral Canaris. „Hier ist die Hölle!" erklärte Canaris mit leeren Augen.

Jetzt gab es keine Verbindungen, keine Hoffnung mehr. Maria sah er nie wieder, obwohl sie sich fast täglich um eine Besuchserlaubnis bemühte; lediglich zu Weihnachten durfte er ihr einen Brief schreiben: Er habe sich noch keinen Augenblick verlassen gefühlt, flunkerte er ihr vor. „Es ist, als ob die Seele in der Einsamkeit Organe ausbildet, die wir im Alltag kaum kennen. (...) Du, die Eltern, Ihr alle, die Freunde und Schüler im Feld, Ihr seid mir immer ganz gegenwärtig. (...) Es ist ein großes unsichtbares Reich, in dem man lebt und an dessen Realität man keinen Zweifel hat." Und am Schluß: „Könnt Ihr meine Unterhosen so konstruieren, daß sie nicht rutschen? Man hat hier keine Hosenträger."

In Wirklichkeit war er wohl nicht so gelassen. Sein Haftgefährte Gaetano Latmiral berichtete nach Jahrzehnten in einem Dokumentarfilm, Bonhoeffer habe noch in Tegel, als das Attentat gescheitert war, die Befürchtung geäußert, „abtransportiert zu werden und in einem Verhör eventuelle körperliche Leiden nicht ertragen zu können. In diesem Falle hielt er Selbstmord für gerechtfertigt. Das hat er mir deutlich gesagt."

Gedroht hat man ihm tatsächlich mit Folter – und damit, seiner Verlobten, seinen Eltern etwas anzutun. Mithäftlinge gaben zu Protokoll, er habe die Verhöre, bei denen jetzt kein Ausweichen, keine Tarnung mehr möglich war, anfangs als „kurz und bündig widerlich" geschildert. Zwischendurch verlegten sich die Ermittler aber offenbar wieder auf die sanfte Tour, um Informationen über Mitverschwörer und die Ziele der Opposition zu bekommen. Bonhoeffer galt ja zwar immer noch als vergleichsweise kleines Licht, aber er gehörte mit Canaris, Oster, Dohnanyi, Josef Müller zu der Gruppe, auf die nach dem Aktenfund in der Lüneburger Heide eine Sonderkommission des Reichssicherheitshauptamtes angesetzt war.

Ihre Mitglieder standen unter höchster Geheimhaltungspflicht, ihr Schlußbericht ging angeblich direkt an Hitler, Himmler und Kaltenbrunner.

Die neue Taktik der Ermittler machte Bonhoeffer das Leben im Keller ein wenig angenehmer; er durfte sich Bücher und Papier bringen lassen. Den Aussagen seiner Richter in ihrem eigenen Prozeß 1955 ist zu entnehmen, daß er dennoch schweigsam blieb, wenn es um die gefährdeten Freunde ging. Bonhoeffer versuchte die Ermittler mit detaillierten Erinnerungen an seine englischen und schwedischen Gesprächspartner zu erfreuen – denen er damit nicht schaden konnte – und zeigte sich sehr geschickt darin, belastende Tatsachen günstig zu interpretieren. Die Auslandsreisen zum Beispiel als Kontakte im nationalen Interesse.

Die Zelle im Kellergefängnis in der Prinz-Albrecht-Straße war noch kleiner als die in Tegel, die Heizung funktionierte schlecht und gab Anfang Februar 1945 ihren Geist ganz auf, einen Hofgang in frischer Luft kannte man hier nicht, und die Mahlzeiten bestanden aus Ersatzkaffee, Marmeladebrot und – als mittägliche Krönung – einem Teller Suppe. Zum Glück durfte die Familie jede Woche ein Eßpaket abliefern. Und die Wärter wurden zunehmend humaner; ein Mithäftling erinnert sich staunend, Dietrich sei so gleichbleibend freundlich und zuvorkommend zu allen gewesen, daß er sogar die Herzen des gewalttätigen Wachpersonals erobert habe.

Bonhoeffer wartete auf den Tod, mit dem er sich nun ausgesöhnt hatte. Am Abend des 21. Juli, gerade hatte er die Nachricht vom Fehlschlagen des Attentats erhalten, schrieb er einen Text von visionärer Kraft für Eberhard Bethge, betitelt „Stationen auf dem Wege zur Freiheit". Darin heißt es:

„Wunderbare Verwandlung. Die starken, tätigen Hände
sind dir gebunden. Ohnmächtig, einsam siehst du das
Ende
deiner Tat. Doch atmest du auf und legst das Rechte
still und getrost in stärkere Hand und gibst dich zufrieden.
Nur einen Augenblick berührtest du selig die Freiheit,
dann übergabst du sie Gott, damit er sie herrlich vollende."

Und so schließt das eigenartige Poem:

„Komm nun, höchstes Fest auf dem Wege zur ewigen
Freiheit,
Tod, leg nieder beschwerliche Ketten und Mauern
unsres vergänglichen Leibes und unsrer verblendeten
Seele,
daß wir endlich erblicken, was hier uns zu sehen
mißgönnt ist.
Freiheit, dich suchten wir lange in Zucht und in Tat und
in Leiden.
Sterbend erkennen wir nun im Angesicht Gottes dich
selbst."

Mithäftlinge berichten – wieder einmal – von der unerschütterlichen Gelassenheit, die er im Luftschutzbunker zeigte, als eine Bombe das Dach getroffen hatte und der ganze Raum unter ohrenbetäubendem Lärm hin und her schwankte: „Er blieb vollkommen ruhig, verzog keine Miene (...), als ob nichts passiert wäre."

In diesem finsteren Gefängnis entstanden in den letzten Tagen des Jahres 1944 die berühmt gewordenen Verse von dem Licht, das in der Nacht scheint:

„Von guten Mächten treu und still umgeben,
behütet und getröstet wunderbar,
so will ich diese Tage mit euch leben
und mit euch gehen in ein neues Jahr.

Noch will das alte unsre Herzen quälen,
noch drückt uns böser Tage schwere Last,
ach, Herr, gib unsern aufgescheuchten Seelen
das Heil, für das Du uns bereitet hast.

Und reichst Du uns den schweren Kelch, den bittern
des Leids, gefüllt bis an den höchsten Rand,
so nehmen wir ihn dankbar ohne Zittern
aus Deiner guten und geliebten Hand.

Doch willst Du uns noch einmal Freude schenken
an dieser Welt und ihrer Sonne Glanz,
dann wolln wir des Vergangenen gedenken,
und dann gehört Dir unser Leben ganz.

Laß warm und still die Kerzen heute flammen,
die Du in unsre Dunkelheit gebracht,
führ, wenn es sein kann, wieder uns zusammen.
Wir wissen es, Dein Licht scheint in der Nacht.

Wenn sich die Stille nun tief um uns breitet,
so laß uns hören jenen vollen Klang
der Welt, die unsichtbar sich um uns weitet,
all Deiner Kinder hohen Lobgesang.

Von guten Mächten wunderbar geborgen,
erwarten wir getrost, was kommen mag.
Gott ist mit uns am Abend und am Morgen
und ganz gewiß an jedem neuen Tag."

Er hat das Gedicht seiner Mutter gewidmet, der er zu ihrem siebzigsten Geburtstag am 30. Dezember überraschend ein paar Zeilen schicken durfte. Das gereimte Gebet, inzwischen vielfach vertont und international bekannt, werde zu Unrecht als fromme Idylle interpretiert, meint die Bonhoeffer-Biographin Renate Wind; seine Aussage sei viel dramatischer: „daß jemand an den Punkt gekommen ist, an dem er beides bejahen kann, das Leben ebenso wie das Sterben".

„Dies ist das Ende – für mich der Beginn des Lebens!"

Am 7. Februar 1945 – alliierte Bomber hatten weite Teile Berlins in eine rauchende Wüste verwandelt und auch das Reichssicherheitshauptamt schwer getroffen – brachte man Bonhoeffer in das KZ Buchenwald in Thüringen, in eine feuchte, unterirdische Zelle für „prominente" Häftlinge außerhalb des Lagers. Kein Tageslicht, das war er schon gewohnt, auf einem Kellerkorridor konnten die Häftlinge bisweilen herumwandern. Immer noch bewies er Haltung: „Bonhoeffer war ganz

Bescheidenheit und Freundlichkeit", erinnert sich der mitinhaftierte englische Fliegeroffizier Payne Best. „Er schien immer eine Atmosphäre von Glück um sich zu verbreiten, von Freude an jedem kleinsten Ereignis des Lebens und von Dankbarkeit für die bloße Tatsache, daß er lebte." Außerdem hatte er jetzt einen Zellengenossen, den General der Artillerie Dr. Friedrich von Rabenau, mit dem er anregende theologische Diskussionen führte und endlose Schachpartien spielte.

Anfang April, als die amerikanischen Truppen bereits an der Werra standen, wurden diese Gefangenen auf einem geschlossenen, überfüllten Lastwagen nach Bayern geschafft, in die Oberpfalz, und dort scheinbar ziellos von Ort zu Ort verladen. Es war ein sogenannter Holzvergaser, dessen Generator nach einer Stunde Fahrt jeweils neu mit Holzscheiten angeheizt werden mußte, was im Laderaum für eine grauenhaft stickige Luft sorgte.

Man passierte Flossenbürg, das viertgrößte KZ im Deutschen Reich, mit zuletzt fünfzehntausend Insassen und hundert Außenkommandos. Die hier inhaftierten Arbeitssklaven hatten Steinbrüche anzulegen, bei 25 Grad Kälte hämmerten sie ohne Strümpfe und Handschuhe mit primitivem Werkzeug auf die Felsen los, schleppten Gesteinstrümmer im Laufschritt durch das Lager, wurden mit der Peitsche durchgeprügelt, wenn sie es halberfroren wagten, sich krank zu melden. Stundenlanges Stillstehen auf dem Appellplatz und das Aufhängen renitenter Häftlinge an einem Pfahl, die Hände auf den Rücken gebunden, seien an der Tagesordnung gewesen, berichtet der Flossenbürg-Überlebende Heinrich Bodet:

„Ein beliebter Winterscherz der SS war folgender: Ein Häftling wurde mit den Kleidern in einen Wasserbottich so lange eingetaucht, bis er auf die Haut durchnäßt war. Dann wurde er auf dem Appellplatz aufgestellt, wo er binnen weniger Minuten zu einem Eisklumpen gefror. Die unbedeckte Haut des Gesichts und der Hände bildete große Blasen, die nach kurzer Zeit platzten. Diese Tortur wurde manchmal nach zwei bis drei Stunden wiederholt. Beim zweiten- oder drittenmal mußten die Opfer bereits an die Wand gelehnt werden, da sie frei nicht mehr stehen, aber als Eisklumpen nicht mehr zusammenbrechen konnten. Der Tod trat gewöhnlich nach fünf bis acht Stunden ein."

Mindestens dreißigtausend der Lagerinsassen haben im Lauf der Jahre die Qualen nicht überlebt. Die kleine Gruppe um Bonhoeffer war froh, als der Lastwagen nach kurzem Halt weiterrollte; Zeugen wollen einen Wortwechsel gehört haben: „Weiterfahren, können euch nicht behalten ... zu voll ...!" Vielleicht war es auch ein Irrtum, und der Vernichtungsbefehl war in der Hektik der letzten Kriegswochen irgendwo hängengeblieben.

Für einen Tag machte man im Gerichtsgefängnis Regensburg Station, wo gerade ein Transport mit „Sippenhäftlingen" eingetroffen war, darunter die Angehörigen von Dr. Carl Goerdeler – Vordenker des konservativen Widerstands –, Generalstabschef Franz Halder und Graf von Stauffenberg, der das Attentat vom 20. Juli verübt hatte. Auch Léon Blum, der letzte Ministerpräsident des freien Frankreich, hielt sich momentan hier auf; er sollte in Hitlers „Alpenfestung" gebracht und dort liquidiert werden. In so einem Gerichtsgefängnis herrschte eine verhältnismäßig freizügige Atmosphäre, man konnte miteinander plaudern und wertvolle Informationen austauschen. „Bonhoeffer gab der Hoffnung Ausdruck, der schlimmsten Gefahrenzone entronnen zu sein", erinnert sich Anneliese Goerdeler; sie hatte von Bonhoeffer erfahren, daß ihr Mann, sein ehemaliger Zellennachbar, wahrscheinlich bereits hingerichtet worden war.

Die Irrfahrt ging weiter, durch den Bayerischen Wald, wo mitleidige Dorfbewohner den Häftlingen sogar eine Schüssel mit dampfenden Pellkartoffeln bringen durften – bis aus dem Führerhauptquartier der Befehl kam, die Gruppe um Canaris zu liquidieren. Während der Krieg verloren und alles bereits in Auflösung begriffen war, wollte Hitler seine letzte Rache haben (und wohl auch verhindern, daß die bestinformierten Köpfe des Widerstands in die Hände der Alliierten fielen).

Bonhoeffer wurde zur Hinrichtung abgeholt, als er gerade in einem Schulzimmer im Ort Schönberg eine Andacht mit den anderen Häftlingen hielt. Es war der Weiße Sonntag, 8. April.

Der schon zitierte Captain Payne Best gab später zu Protokoll, Bonhoeffer habe bei dieser von den Mitgefangenen gewünschten Andacht auf eine Weise gesprochen, „die allen zu Herzen ging. Er fand genau die richtigen Worte, um der Stimmung unserer Gefangenschaft und den Gedanken und Entschlüssen, die sie mit sich gebracht hatte, Ausdruck zu verleihen. Kaum hatte er das Schlußgebet beendet, da öffnete sich die Tür, und zwei übel aussehende Männer in Zivil traten ein und sagten: ‚Gefangener Bonhoeffer, fertigmachen, mitkommen.' Dieses Wort ‚Mitkommen' hatte unter den Gefangenen nur eine Bedeutung: das Schafott."

„Wir verabschiedeten uns von ihm", fährt Payne fort, „er nahm mich beiseite. ‚Dies ist das Ende', sagte er, ‚für mich der Beginn des Lebens.' Dann gab er mir eine Nachricht, die ich, wenn ich könnte, dem Bischof von Chichester, einem Freund aller Bekenntnispfarrer in Deutschland, überbringen sollte." Es waren Bonhoeffers letzte Worte, an die sich Augenzeugen erinnern.

Die letzte Fahrt führte nun doch 150 Kilometer weit nach Flossenbürg, wo der Transport bereits vor einigen Tagen Station gemacht hatte. Am Abend fand dort auf dem KZ-Gelände ein Standgericht über Canaris, Oster, Bonhoeffer und andere Verschwörer aus der Abwehr statt. Eine elende Justizfarce, um den Schein zu wahren und ein Urteil zu untermauern, das bereits feststand. Es ging nicht um die Wahrheit, sondern einzig und allein darum, die Todeskandidaten zu kriminellen Aufrührern zu stempeln. Die Angeklagten wurden in solchen Schnellverfahren nicht befragt, sondern abgekanzelt und beschimpft, Verteidiger oder Entlastungszeugen konnte man nicht brauchen.

Ein Protokoll der Verhandlung, die sehr kurz gewesen sein muß, ist nicht erhalten. Nicht einmal ein klar formuliertes Urteil, das kann man nur vermuten: Todesstrafe wegen Hochverrats. Der Gerichtsvorsitzende, Dr. Otto Thorbeck, behauptete später, es sei alles völlig korrekt über die Bühne gegangen, jeder Angeklagte habe sich verteidigen können (einen Anwalt beizuziehen, sei leider praktisch undurchführbar gewesen) und man habe danach über jeden einzelnen Fall eingehend beraten.

Die Tatsachen sprechen eine andere Sprache: Thorbeck – „Chefrichter" beim SS- und Polizeigericht München mit steiler Karriere – war Hals über Kopf nach Flossenbürg beordert worden; ein Befehl vom Führerhauptquartier liege vor, alles Weitere werde er dort vorfinden. Erst in Flossenbürg erfuhr er, daß er gegen einen Admiral und einen General verhandeln sollte, was die Zuständigkeit von SS-Richtern weit überstieg. Ungewöhnlich war auch die Bestellung des Flossenbürger KZ-Kommandanten Max Koegel zum Beisitzer. Spätestens jetzt war klar, daß dieses Standgericht mit Recht und Gesetz nichts zu tun hatte. Doch in seinem eigenen Prozeß redete sich Thorbeck darauf hinaus, der Befehl des „obersten Gerichtsherrn" Hitler habe unbedingte Geltung gehabt. Und das „verräterische Treiben" der angeklagten Offiziere habe er nun wirklich abscheulich finden müssen.

Der Ankläger, SS-Standartenführer Dr. Walter Huppenkothen, Leiter der – mit Canaris' militärischer Abwehr rivalisierenden – Spionageabteilung im Reichssicherheitshauptamt, hatte die Ermittlungen nach dem Aktenfund in der Lüneburger Heide geführt und nutzte die Gelegenheit, mit der Konkurrenz abzurechnen. Nach dem Ende des Dritten Reiches fragte ihn der Chefankläger im „Nürnberger Prozeß", Robert Kempner, wie er mittlerweile über die Liquidierung der Brüder Bonhoeffer denke. Huppenkothen zuckte die Achseln und meinte, es sei „schließlich Hochverrat gewesen, was sie gemacht haben".

Dietrich Bonhoeffer starb am frühen Morgen des 9. April 1945 in Flossenbürg, 39 Jahre alt, an einem langen Haken an der Wand aufgehängt. Sein Leichnam wurde verbrannt. Die Henker von Canaris, Oster und Bonhoeffer erhielten für ihre Arbeit eine Verpflegungszulage: Schnaps und Blutwurst.

Mutig und gefaßt sei der Pastor Bonhoeffer die „Treppe zum Galgen" hinaufgeschritten, nachdem er kurz zum Gebet niedergekniet sei, gab der SS-Lagerarzt Dr. Hermann Fischer-Hülstrung zehn Jahre später zu Protokoll. „Der Tod erfolgte nach wenigen Sekunden. Ich habe in meiner fast 50jährigen ärztlichen Tätigkeit kaum je einen Mann so gottergeben sterben sehen."

1993 erschien (im Sammelband *Dietrich Bonhoeffer – Mensch hinter Mauern*) ein Bericht des dänischen KZ-Überlebenden Jørgen L. F. Mogensen, der erhebliche Zweifel an dieser Heiligenlegende aufkommen ließ. Wollte hier ein stark belasteter Nazi-Mediziner – Fischer-Hülstrung war SS-Obersturmbannführer gewesen und hatte den „Totenkopfring" der SS getragen – sich selbst in ein milderes Licht setzen, indem er einem Opfer Respekt bekundete? Mogensen war als dänischer Handelsattaché in Polen in Kontakt mit der dortigen Widerstandsbewegung gekommen und nach Flossenbürg gebracht worden.

Er hielt dem SS-Arzt entgegen, daß es an der Hinrichtungsstätte keinen Galgen und auch keine dazugehörige Treppe gegeben habe, sondern nur Haken an der Wand. Der Henker hätte Bonhoeffer nie erlaubt, niederzuknien und die normale Tötungsprozedur zu unterbrechen. Und das laut Fischer-Hülstrung nur „wenige Sekunden" dauernde Sterben sei in Wirklichkeit eine qualvolle, nicht enden wollende Strangulation gewesen. Die Hinrichtung der Gruppe um Canaris habe insgesamt von etwa sechs Uhr morgens bis gegen Mittag gedauert. Man kennt dieselbe Prozedur aus Plötzensee, wo Hitler den Todeskampf der Attentäter vom 20. Juli mit der Kamera aufzeichnen ließ. Am Galgen mit Treppe und Falltür stirbt man schnell: Der Delinquent stürzt in die Schlinge und bricht sich das Genick. Wer aber an so einem Mauerhaken aufgehängt wird, erdrosselt sich selbst, und das dauert Minuten – Minuten, die einer Ewigkeit gleichen.

Der Däne: „Ich sah an einem der folgenden Tage einen von den L-förmigen Haken, dessen langer Arm (ca. 70–75 cm) zugespitzt geschmiedet war, so daß der Arm am Ende ca. 1 cm dick war. Unter dem Gewicht einer normalen Person würde der Haken so elastisch sein, daß man bei rechter Seillänge dem Opfer möglich machte, mit den Zehenspitzen den Boden leicht zu berühren. Auf diese Weise wird die lange Dauer der Erhängung erklärt."

Während Bonhoeffer längst tot und seine Leiche mit tausend anderen zu Asche verbrannt war, suchte seine Familie verzweifelt nach dem spurlos aus Berlin Verschwundenen.

Am 14. Februar – eine Woche nach seinem Abtransport – hatten Maria und die Eltern das gewohnte Wäsche- und Eßpaket in die Prinz-Albrecht-Straße gebracht und erfahren, daß der Häftling mit unbekanntem Ziel fortgebracht worden sei.

Gerade eben war Dietrichs 20jährige Braut aus Pommern geflohen; bei zwölf Grad Kälte und eisigem Ostwind hatte sie einen Flüchtlingstreck mit Kindern angeführt, im Planwagen, mit drei guten Ackerpferden und einem polnischen Kutscher, über Oder und Elbe, durch Sturm und Schnee. Jetzt, wenige Tage später, machte sich das robuste Mädchen von Berlin aus mit dem Fahrrad auf den Weg, um Dietrich zu suchen und ihm einen Koffer mit warmer Kleidung zu bringen. Maria kam bis zum KZ Dachau in Oberbayern und dann in die Oberpfalz, wo ihr Verlobter ein paar Wochen später sterben sollte. Am 19. Februar schrieb sie ihrer Mutter aus Flossenbürg eine Postkarte (ein scheußliches Produkt der Propaganda mit dem Aufdruck „Der Führer kennt nur Kampf, Arbeit und Sorge"): Die ganze Reise sei umsonst gewesen. „Dietrich ist gar nicht da. Wer weiß, wo er steckt. In Berlin sagt man es mir nicht, und in Flossenbürg wissen sie es nicht. (...) Ich glaube, ich bleibe erst mal da."

Daheim in Berlin pilgerten die Eltern unverdrossen zum Kellergefängnis, um vielleicht doch noch etwas über Dietrichs Aufenthaltsort in Erfahrung zu bringen. Einen Brief wollten sie abgeben, in dem es hieß: „Wir haben seit Deiner Abfahrt aus Berlin nichts von Dir und Du wohl auch nichts von uns gehört. (...) Wir möchten Dir gerne die Wäsche und die Kleinigkeiten, die wir sonst schicken konnten, wieder zukommen lassen, aber bis jetzt hat sich noch kein Weg gefunden. (...) An so alte Leute, wie wir sind, sollte die Schreiberlaubnis häufiger sein. Herzlich Dein Vater. – Meine Gedanken sind Tag und Nacht bei Dir, in Sorge, wie es Dir ergehen mag. Hoffentlich kannst Du etwas arbeiten und lesen und kommst nicht zu sehr herunter! Gott helfe Dir und uns durch diese schwere Zeit. Wir bleiben in Berlin, komme was da wolle. Deine alte Mutter."

Die Gefängnisbeamten nahmen den Brief nicht mehr an und lehnten jede Auskunft über Dietrichs Schicksal ab.

Erst im Juni, Wochen nach der Kapitulation des Dritten Reiches, erfuhr Maria – die im Westen Deutschlands immer noch nach Dietrich suchte – von KZ-Überlebenden, daß er tot war. Zu den Eltern nach Berlin gelangte die Nachricht erst im Juli. Dietrichs Zwillingsschwester Sabine, die mit ihrem jüdischen Mann in England lebte, nahm an einem Gedenkgottesdienst in der Londoner Holy Trinity Church teil, den Bonhoeffers Freunde Bischof Bell und Franz Hildebrandt hielten – ein aufsehenerregendes Ereignis in einem Land, das von glühendem Haß auf die Deutschen erfüllt war.

Freispruch für den Blutrichter

Die Mitglieder des Standgerichts vom 8. April 1945 kamen nach dem Krieg mit milden Urteilen davon – wie fast alle Repräsentanten der Nazi-Justiz, sofern sie überhaupt vor Gericht gestellt wurden. SS-Richter Thorbeck kam bereits 1948 aus einem amerikanischen Internierungslager frei und ließ sich als Rechtsanwalt nieder. 1955 wurde er von einem Augsburger Schwurgericht wegen Beihilfe zum Mord zu vier Jahren Zuchthaus verurteilt. Der Ankläger Huppenkothen saß knapp sechseinhalb Jahre in Internierungs- und Untersuchungshaft und wurde anschließend vom Landgericht München von der Anklage der Beihilfe zum Mord freigesprochen; wegen Aussageerpressung, Körperverletzung im Amt und Mißhandlung Abhängiger erhielt er dreieinhalb Jahre Zuchthaus, die allerdings durch die Untersuchungshaft abgegolten waren. Nach empörten Protesten des Auslands hob der Bundesgerichtshof das Urteil auf und verwies die Angelegenheit zur erneuten Behandlung an das Münchner Gericht zurück: erneut Freispruch in der Hauptsache. Der Bundesgerichtshof hob auch dieses Urteil auf, ließ in Augsburg zum dritten Mal verhandeln, und erst jetzt kam es zu dem erwähnten Urteil gegen Thorbeck; Huppenkothen erhielt siebeneinhalb Jahre Haft wegen Beihilfe zum Mord.

Das Augsburger Gericht war zu dem „eindeutigen Schluß" gekommen, daß die Standgerichtsverfahren gegen Dohnanyi, Canaris, Bonhoeffer und die übrigen Widerständler „einzig zu dem Zwecke" angeordnet worden seien, „unbequem gewordene Häftlinge unter dem Schein eines gerichtlichen Verfahrens beseitigen zu können". Ein Standgericht wäre nur aus militärischen Gründen gerechtfertigt gewesen und hätte aus Militärrichtern bestehen müssen – nicht aus SS-Führern und KZ-Kommandanten, „denen ein menschliches Leben (...) weniger als ein Nichts bedeutete". Besonders rügten die Richter den Verzicht auf die Bestellung eines Verteidigers.

Thorbeck und Huppenkothen wurden jedoch lediglich als „Gehilfen" zur Verantwortung gezogen (wie es den mittlerweile vom Bundesgerichtshof aufgestellten Maßstäben entsprach). Der „Haupttäter", der den Hinrichtungsbefehl gegeben und sich des Mordes „aus niedrigem Beweggrund" schuldig gemacht habe – Hitler? Himmler? Kaltenbrunner? –, könne nicht mehr belangt werden. Strafmildernd wirkte sich für die Angeklagten außerdem laut Urteilsbegründung aus, „daß sie in verhältnismäßig jungen Jahren in Amtsstellungen gelangten, in denen ihr Schicksal mit dem der nationalsozialistischen Herrschaft auf das engste verbunden war, daß hierdurch der Blick für Recht und Unrecht in besonderem Maße getrübt wurde (...) Beide Angeklagte waren auch, wie nicht zu widerlegen, von der großen Schuld überzeugt, die die vor ihnen stehenden Männer – nach ihrer Meinung – auf sich geladen hatten. (...) Beiden Angeklagten ist auch zuzugeben, daß sie durch den ihnen gegebenen Befehl in eine recht unangenehme Lage versetzt worden waren (...) Beiden Angeklagten ist fernerhin zugute zu halten, daß sie nunmehr seit Jahren unter der seelischen Belastung dieses gegen sie laufenden Verfahrens (mit mehrmaliger Hauptverhandlung) stehen, daß ihre strafbaren Handlungen bereits erhebliche Zeit zurückliegen (...) daß sie in gewissem Sinne bereits durch die langjährige Internierungshaft (...) allgemein gebüßt haben. (...) Unter Würdigung aller für die Strafzumessung bedeutsamen Umstände bestand keine Veranlassung, den beiden Angeklagten die bürgerlichen Ehrenrechte abzuerkennen."

So verständnisvolle Richter hätten sich die Todeskandidaten in Flossenbürg gewiß auch gewünscht. Doch die Angeklagten und Thorbecks Verteidiger Alfred Seidl, den die CSU

1977 zum bayerischen Innenminister machen sollte (gegen einen Augsburger Beisitzer hatte er einen Befangenheitsantrag gestellt, weil er Jude und „fanatischer" Nazi-Hasser sei), waren noch lange nicht zufrieden. Ihr Revisionsantrag hatte Erfolg; in einem allerletzten Verfahren sprach der Bundesgerichtshof 1956 Thorbeck vom Vorwurf der Beihilfe zum Mord in den „Fällen Flossenbürg" frei, die Strafe für Huppenkothen (der es versäumt hatte, für die Todesurteile die zwingend vorgeschriebene Bestätigung des „Gerichtsherrn", also Hitlers oder Kaltenbrunners, einzuholen) wurde auf sechs Jahre reduziert.

Die denkwürdige Begründung: Für die Bewertung der Schuld oder Unschuld Thorbecks sei nicht entscheidend, wie sich die Ereignisse vom April 1945 aus heutiger Sicht, sondern wie sie sich „zur Tatzeit" darstellten, „mit der Unerbittlichkeit der damals geltenden Gesetze, denen er unterworfen war und gegen die die in Flossenbürg vor das Standgericht gestellten Widerstandskämpfer sich aufgelehnt hatten. Ausgangspunkt dabei ist das Recht des Staates auf Selbstbehauptung. In einem Kampf um Sein oder Nichtsein sind (...) bei allen Völkern von jeher strenge Gesetze zum Staatsschutze erlassen worden." Canaris, Oster, Bonhoeffer und die anderen Angeklagten hätten „nach den damals geltenden und in ihrer rechtlichen Wirksamkeit an sich nicht bestreitbaren Gesetzen die Merkmale des Landesverrats – mindestens teilweise auch des Hochverrats – und damit des Kriegsverrats im Sinne des § 57 Militärstrafgesetzbuch verwirklicht".

Dem Gewissenskonflikt der Hingerichteten zollten die Richter Respekt: Die Widerstandskämpfer hätten sich zwischen ihrer Pflicht, diese Gesetze zu befolgen, und den „edler Gesinnung entsprungenen" Bestrebungen, die Gewaltherrschaft Hitlers zu beseitigen, entscheiden müssen. Sonderbar klingt die Schlußfolgerung der Juristen: „Stand schon der Widerstandskämpfer selbst bei einem solchen Widerstreit vor schwerster sittlicher Entscheidung, so sieht sich der Richter, der heute darüber zu urteilen hat, inwieweit die Widerstandsbestrebungen und -handlungen im Sinne des Strafrechts – unter dem Gesichtspunkt des übergesetzlichen Notstands – gerechtfertigt waren, vor eine Aufgabe gestellt, die die Grenze dessen berührt, was mit den Mitteln irdischer Rechtsprechung entschieden werden kann."

Der Bremer Rechtshistoriker Christoph Schminck-Gustavus, der diese unter Deutschlands Juristen längst in Vergessenheit geratenen Urteile 1995 dokumentiert hat, kommt zum Schluß, ihre Begründung lese sich „wie eine erneute Verurteilung der Verschwörer". Er versäumt auch nicht darauf hinzuweisen, daß einer der für das Revisionsurteil verantwortlichen Bundesrichter, Ernst Mantel, während der Nazi-Zeit Beisitzer am Sondergericht München gewesen sei und als Oberstrichter im Oberkommando des Heeres den berüchtigten geheimen „Kommissarbefehl" (unauffällige Liquidierung gefangengenommener politischer Kommissare der Roten Armee) mit unterschrieben habe. Ein zweiter an dem Revisionsurteil beteiligter Bundesrichter, Ludwig Martin, sei vor 1945 Reichsanwalt gewesen – was seinem späteren Aufstieg zum Generalbundesanwalt nicht geschadet habe.

Der Blutrichter Dr. Otto Thorbeck war wieder ein freier Mann. Er führte seine Anwaltskanzlei weiter und starb 1976. Seine Schwiegertochter widmete ihm später eine fromme Gedenkschrift, in der sie geschmackloserweise das berühmte Silvestergedicht seines Opfers Bonhoeffer auf ihn anwendet. Durch den Tod und die von „höchster Instanz" erhoffte Gnade seien alle Urteile nichtig geworden, die Akten des Richters Thorbeck und die des Angeklagten Thorbeck, sinniert sie. „‚Von guten Mächten wunderbar geborgen …' weiß ich sein Leben. Es sind die gleichen Arme, in die der Richter und die von ihm Verurteilten gefallen sind. Darauf vertraue ich."

Dietrich Bonhoeffer, der Widerstandskämpfer mit dem großen Herzen, hätte ihr möglicherweise sogar zugestimmt. Auf seine Rehabilitierung mußte das Opfer jedenfalls erheblich länger warten als sein Richter: Es dauerte bis 1998, bis das Todesurteil gegen Bonhoeffer offiziell als nichtig erklärt wurde. Bis dahin galt die Einschätzung des Bundesgerichtshofs von 1956: Im Sinne der „damals geltenden" Gesetze hätten die Widerstandskämpfer tatsächlich „die Merkmale des Landesverrats" verwirklicht. Ob diese Gesetze unter dem

Nazi-Regime nicht längst zu Unrecht verkommen waren und der Widerstand deshalb legitim, ja vielleicht sogar nach den Maßstäben des Naturrechts, oder wie immer man ein Menschensatzungen übersteigendes höheres Recht nennen will, geboten war – danach hatten die Bundesrichter nicht gefragt.

Aber es gab andere, die immer bohrender fragten. Jene Bürgerrechtler aus der einstigen DDR etwa, die sich in der Berliner *Robert-Havemann-Gesellschaft* organisiert hatten. Für sie war Bonhoeffers Vorbild ein Ansporn im Kampf gegen staatliche Willkür und die Allmachtsansprüche einer unfehlbaren Partei gewesen. Das stärkste Argument dieser Gruppe um Bärbel Bohley: Würden die Handlungen eines Unrechtsregimes stets nur nach dessen eigenen Gesetzen beurteilt – wie es der Bundesgerichtshof bei den Todesurteilen der NS-Justiz praktiziert hatte –, so könnte man die Auseinandersetzung mit den „Mauermördern" der ehemaligen DDR sofort ad acta legen. Auch deshalb forderten die Bürgerrechtler wiederholt vom Deutschen Bundestag, die Flossenbürger Urteile – stellvertretend für viele andere – für null und nichtig zu erklären. Zu Bonhoeffers 90. Geburtstag am 4. Februar 1996 brachte die Initiative am Berliner Dienstgebäude des Bundesgerichtshofs eine Gedenktafel für Bonhoeffer an – die der Gerichtspräsident umgehend entfernen ließ, nicht ohne seinen persönlichen Respekt vor dem hingerichteten Gewissenstäter zu bekunden.

Eine andere Stoßrichtung wählten die Studenten und Dozenten der Evangelischen Fachhochschule Hannover, um das gleiche Ziel zu erreichen: Ebenfalls zum 90. Geburtstag des Verschwörers beantragten sie beim Berliner Generalstaatsanwalt die Wiederaufnahme des Verfahrens. Dafür verlangt die Strafprozeßordnung zwar neue Tatsachen und Beweismittel, die es im Fall Bonhoeffer nicht gibt. Der hannoversche Professor Karl-Heinz Lehmann hatte jedoch ein Gesetz aus dem Jahr 1952 ausgegraben, das die Nachprüfung von Urteilen nationalsozialistischer Kriegs- und Sondergerichte auch ohne diese Voraussetzungen ermöglicht.

Die Staatsanwaltschaft beim Landgericht Berlin sorgte mit Berufung auf dieses Gesetz tatsächlich für die Wiederaufnahme des Verfahrens – nicht unbedingt zur Freude aller Kritiker. Bonhoeffer habe es nicht nötig, rehabilitiert zu werden, erklärte der Journalist und ehemalige Staatsanwalt Heribert Prantl in der *Süddeutschen Zeitung*; es sei die deutsche Justiz, die sich rehabilitieren müsse: für ihre Nachsicht gegenüber Mördern, für ihre Entschuldigung schändlicher Urteile, für ihr Mitleid mit dem „rechtsbeugenden Gehorsam von Nazi-Richtern". Ein nachträglicher Unschuldsbeweis vor deutschen Strafgerichten, so meinte sein Kollege Hans Schueler in der *Zeit*, würde die Ehre der Widerstandskämpfer schmälern. Man müsse klar sagen, daß ihr Handeln im Sinne des Gesetzes Verrat gewesen sei, moralisch aber dem Recht entsprochen habe.

Mehrere Monate wälzten die so widersprüchlichen Erwartungen ausgesetzten Berliner Richter Akten und Kommentare, dann rangen sie sich zu einem sonderbaren Entschluß durch: Am 6. August 1996 verkündete ein Justizsprecher, die Flossenbürger Todesurteile seien bereits vor fünfzig Jahren aufgehoben worden – in einem der allerersten vom bayerischen *Beratenden Landesausschuß*, einer Art Vorparlament, erlassenen Gesetze, datiert vom 28. Mai 1946 und bestimmt zur „Wiedergutmachung nationalsozialistischen Unrechts".

Die Berliner Richter können sich bei dieser Erklärung, alles sei längst geregelt, nicht ganz wohl in ihrer Haut gefühlt haben. Denn ein Jahr später, im Juli 1997, erließen sie einen formellen Beschluß zur Aufhebung des 1945 in Flossenbürg gegen Hans von Dohnanyi gefällten Todesurteils – diesmal ohne Verweis auf das alte bayerische Gesetz. Wieder ein Jahr darauf, am 28. Mai 1998, hob der Deutsche Bundestag sämtliche noch geltenden Unrechtsurteile – immerhin rund 500 000 – aus der Nazi-Zeit pauschal auf und erklärte die Betroffenen für rehabilitiert. „Eigentlich ist es dieser Staat Bundesrepublik Deutschland, der sich damit zu rehabilitieren versucht", bemerkte wieder Heribert Prantl, „weil er sich so lange so elend verhalten und die Opfer wie den letzten Dreck behandelt hat".

Der Hinweis auf das fünfzig Jahre alte bayerische Gesetz hatte 1996 für ein erbittertes politisches Scharmützel gesorgt: Bundesjustizminister Edzard Schmidt-Jortzig machte der bayerischen Staatsregierung heftige Vorwürfe, weil sie nicht früh genug auf dieses „Gesetz Nr. 21" hingewiesen habe; man hätte sich damit viele Diskussionen erspart. Das Münchner Justizministerium konterte, die „Watsch'n aus Bonn" sei unberechtigt, die bayerischen Gesetzesblätter seien gewiß auch im Bundesjustizministerium zugänglich. Die bayerische evangelische Landeskirche wiederum wunderte sich, daß die Staatsregierung die Gedenkfeiern zu Bonhoeffers 50. Todestag 1995 in Flossenbürg nicht genutzt habe, die Rechtslage öffentlich klarzustellen. Zitat aus der Stellungnahme der Kirchenleitung: „Man fragt sich, wie es dazu kommen kann, daß etwas angeblich längst Bekanntes von niemandem gewußt wird."

Die damit vornehm umschriebene Neigung, die blamable Vergangenheit zu verdrängen und die Auseinandersetzung mit dem braunen Ungeist zu vermeiden, hat Folgen: Fast vier Jahrzehnte nach Bonhoeffers Hinrichtung, an Ostern 1983, loderten erneut Flammen im Flossenbürger Krematorium auf. Neonazis steckten die dort niedergelegten Kränze in Brand, beschmierten die Eingangssäulen des Krematoriums mit meterhohen Hakenkreuzen und sprühten an die Mauer der Gedächtniskapelle die Parole: „Hinweg mit der Gedenkstätte für Volksfeinde – Juda verrecke!"

Dietrich Bonhoeffers Tod am Verbrechergalgen und was dazu geführt hat – das ist nicht bloß Geschichte, vorbei und vergessen. Das ist noch lange nicht ausgestanden.

6
Berlin-Tegel, Zelle 92: Ein Todeskandidat erwartet das wahre Leben

*„Wir müssen in der Welt leben,
als ob es Gott nicht gäbe"*

*„Wie kann Christus
der Herr auch der Religionslosen werden?"*

Was von Bonhoeffers Theologie die Zeit überdauert hat, entstand nicht am antiken Schreibtischmobiliar einer gepflegten Professorenwohnung, sondern in einer zwei mal drei Meter großen Einzelzelle des Gefängnisses Berlin-Tegel, zwischen Essensausgabe und Hofrundgang, Verhören und Bombenalarmen. Es ist eine Theologie aus dem Dunkel, ein in der Nacht gewachsener Glaube, ein trotzig-vertrauensvolles Gespräch mit einem sich verbergenden Gott, während scheinbar nur der Teufel zuhört und der Tod vor der Zellentür lauert.

Bonhoeffer schrieb sein theologisches Vermächtnis als Antwort auf eine Zeit, in der alles auf dem Kopf stand, die Gerechten ins Gefängnis geworfen wurden, Lüge, Haß und Mord jede Zeitungsseite, jede Litfaßsäule beherrschten – eine Zeit, in der Gott tatsächlich tot zu sein schien.

Doch kann es nicht sein, daß darin die Antwort auf ein Zeitalter steckt, das man das „nachchristliche" nennt? Das Schweigen Gottes ist zur beklemmenden Erfahrung auch der meisten Christen geworden. Zu glauben scheint riskant und schwer, ja manchmal unmöglich – und man vergißt gern, daß es Glauben ohne Risiko nicht gibt.

Bonhoeffers bleibende Anziehungskraft liegt wohl darin, daß er den Glauben in einer solchen Grenzsituation gelebt hat. Gelebt – nicht nur gepredigt. Was er schreibt und vorträgt, steht immer in engem Zusammenhang mit seiner Biographie. Die mageren fünfzig Briefseiten, in denen er sein theologisches Vermächtnis aus der Gefängniszelle geschmuggelt hat, enthalten radikale Aussagen, die atemberaubende letzte Konsequenz aus der Erfahrung des schweigenden Gottes. Angelegt ist diese Gedankenwelt freilich bereits beim frühen Bonhoeffer.

Glaube, der die Erde liebt

Wir erinnern uns: Den dogmatischen Grundbegriffen – Vergebung, Rechtfertigung, Hoffnung, Glaube – gab er schon damals, in seinen ersten wissenschaftlichen Arbeiten, einen betont sozialen Inhalt. Bonhoeffers Gott ist nie eine bloß metaphysische Größe gewesen, ein abstraktes Prinzip irgendwo über der Welt, sondern ein personales Wesen, den Menschen nahe voller Liebe und Mitleid. Bonhoeffer in seiner Habilitationsschrift *Akt und Sein:* „Gott ist nicht primär das Ist schlechthin, sondern er ‚ist' der Gerechte, er ‚ist' der Heilige, er ‚ist' die Liebe. Daß dieses Ist nicht und in keiner Weise lösbar ist von der konkreten Bestimmung, das gerade muß die (...) Grundlage theologischer Seinsbegriffe bleiben."

Jesus, so der 27jährige Universitätsdozent Bonhoeffer 1933 in seiner Christologie-Vorlesung, habe sich nicht durch großartige Wunder nach Art eines antiken Magiers als Gott präsentieren wollen, an den man einfach glauben müsse. Statt dessen komme er in der Gestalt des Ärgernisses, der Erniedrigung, auf die Menschen zu, als *Christus pro nobis,* Christus für uns.

Er spricht vom „Incognito der Fleischwerdung" und erläutert: „Redet man also von Jesus Christus als Gott, so darf man nicht von ihm als dem Repräsentanten einer Gottesidee sprechen, welcher die Eigenschaften der Allwissenheit und Allmacht besitzt – dieses abstrakte göttliche Wesen gibt es nicht! –, sondern man muß von seiner Schwachheit, von Krippe und Kreuz sprechen; und dieser Mensch ist kein abstrakter Gott. Mit diesem Erniedrigten geht die Kirche ihren eigenen Weg der Erniedrigung. Sie kann keine sichtbare Beglaubigung ihres Weges erstreben, während er in allen Stadien auf sie verzichtet."

Im Entscheidungsjahr 1939, als er das sichere New Yorker

Exil mit der gefährdeten Existenz in der Heimat vertauschte, schrieb er einem Philosophieprofessor ganz schlicht: „Allein weil Gott ein armer, elender, unbekannter, erfolgloser Mensch wurde und weil Gott sich von nun an allein in dieser Armut, im Kreuz, finden lassen will, darum kommen wir von dem Menschen und von der Welt nicht los, darum lieben wir die Brüder."

Von daher führt ein gerader Weg zu den Briefen aus der Gefängniszelle, die Jesus als den „Menschen für andere" verkünden, christliche Existenz als „Teilhabe an der Mitmenschlichkeit Jesu" bestimmen, den Umgang mit den Menschen zur Begegnung mit Gott werden lassen und von einem „diesseitigen" Christentum sprechen. Der vage Glaube an Gottes Allmacht sei noch keine echte Gotteserfahrung, notiert er in Tegel, „sondern ein Stück prolongierter Welt". Erst in der Begegnung mit Jesus Christus und seinem „Für-andere-dasein" geschehe die „Umkehrung alles menschlichen Seins", erregend, grundstürzend: „Aus der Freiheit von sich selbst, aus dem ‚Für-andere-da-sein' bis zum Tod entspringt erst die Allmacht, Allwissenheit, Allgegenwart. (...) Unser Verhältnis zu Gott ist kein ‚religiöses' zu einem denkbar höchsten, mächtigsten, besten Wesen – dies ist keine echte Transzendenz –, sondern unser Verhältnis zu Gott ist ein neues Leben im ‚Dasein-für-andere', in der Teilnahme am Sein Jesu. Nicht die unendlichen, unerreichbaren Aufgaben, sondern der jeweils gegebene erreichbare Nächste ist das Transzendente. Gott in Menschengestalt!"

Seine Vision von einer entschlossen solidarischen Kirche hatte er bereits 1932 als Berliner Universitätsdozent in einem ausnahmsweise etwas schwülstig geratenen Vortrag ausgesprochen: Um das Kommen des Reiches Gottes könne nur beten, wer sich „ganz auf der Erde" befinde. Die gegenwärtige Stunde zwinge die Kirche „auf Gedeih und Verderb in die Genossenschaft der Erden- und Weltkinder, sie verschwört sie der Treue zur Erde, zum Elend, zum Hunger, zum Sterben (...) Die Stunde, in der wir heute um Gottes Reich beten, ist die Stunde des tiefsten Zusammenstehens mit der Welt, eine Stunde mit zusammengebissenen Zähnen und zitternder Faust (...) Nicht daß Gott in meiner Seele einkehre, sondern daß Gott unter uns sein Reich schaffe, das ist unser heutiges Gebet."

Während Bonhoeffer am Anfang noch alles in der Kirche konzentriert hatte („Kirche ist realer Leib Christi auf Erden") und in Gefahr stand, einen Abgrund zwischen der Gemeinde der Erlösten und der gottfernen Welt zu konstruieren, hat er Christus später immer stärker auch in der vermeintlich heillosen Welt am Werk gesehen: Nicht nur die Kirche, die ganze Welt gehört Christus. Es war der Schock der Judenverfolgung, der ihm die Augen geöffnet hat. Was war das für eine Kirche, die lediglich für die eigenen Gemeindemitglieder den Mund aufmachte und zur Jagd auf die Menschen „draußen" schwieg?

Nie und nimmer sei die Kirche ein „Kultverein", der um den eigenen Bestand in der Welt zu kämpfen habe, warnte er in seiner *Ethik.* Im Gegenteil, sie sei der Ort, an dem von der Begründung *aller* Wirklichkeit in Christus Zeugnis gegeben werde. „Der Raum der Kirche ist nicht dazu da, um der Welt ein Stück ihres Bereiches streitig zu machen, sondern gerade um der Welt zu bezeugen, daß sie Welt bleibe, nämlich die von Gott geliebte und versöhnte Welt. (...) Die Kirche kann ihren eigenen Raum auch nur dadurch verteidigen, daß sie nicht um ihn, sondern um das Heil der Welt kämpft. Andernfalls wird die Kirche zur ‚Religionsgesellschaft', die in eigener Sache kämpft, und damit aufgehört hat, Kirche Gottes in der Welt zu sein."

Weltlichkeit des Glaubens – das ist eines der Schlagworte, die man heute in der Theologiegeschichte sofort mit Bonhoeffer verbindet. So neu war der Gedanke freilich nicht; auch der große Barth, zu dem Bonhoeffer anfangs ein begeistertes und dann ein respektvoll-kritisches Verhältnis pflegte, hatte einige Jahre zuvor schon eine „weltliche Sachlichkeit" in der Frömmigkeit der Bibel gefunden und einen Gott, der „nicht Jenseits (...) neben einem Diesseits" sein wolle.

Bonhoeffer hat diese Einsichten weiter ausgesponnen und zunehmend radikalisiert. „Wie sprechen (oder vielleicht kann man aber nicht einmal mehr davon ‚sprechen' wie bisher) wir ‚weltlich' von ‚Gott', wie sind wir ‚religionslos-weltlich' Christen, wie sind wir (...) Herausgerufene, ohne uns religiös als

Bevorzugte zu verstehen, sondern vielmehr als ganz zur Welt Gehörige?" So bohrend formuliert er die zentrale Frage in einem Gefängnisbrief vom 30. April 1944. „Christus ist dann nicht mehr Gegenstand der Religion, sondern etwas ganz anderes, wirklich Herr der Welt. Aber was heißt das?"

Statt Jenseits und Diesseits gegeneinander auszuspielen und der verlorenen Welt ein seliges Reich der Erlösten gegenüberzustellen, wehrt er sich dagegen, auf Kosten der Erde „christlich" sein zu wollen. Mit solchem „Hinterweltlertum" lasse sich trefflich trösten und predigen, bemerkt er sarkastisch in dem schon zitierten Vortrag 1932. „Man springt immer dort, wo das Leben peinlich und zudringlich zu werden beginnt, mit kühnem Abstoß in die Luft und schwingt sich erleichtert und unbekümmert in sogenannte ewige Gefilde. Man überspringt die Gegenwart, man verachtet die Erde, man ist besser als sie, man hat ja neben den zeitlichen Niederlagen noch ewige Siege, die so leicht errungen werden."

Nein, an das Reich Gottes glauben könne nur, „wer die Erde und Gott in einem liebt". Denn: „Christus ist für die Welt gestorben, und nur mitten in der Welt ist Christus Christus." Bonhoeffer zieht freilich auch gegen die „platte und banale Diesseitigkeit" zu Felde, gegen einen hektischen Aktivismus ohne Geist und Tiefe, der statt Gottes Gegenwart auf der Erde lediglich den „lustigen Schauplatz" eines selbstentfachten Krieges finden könne. Er unterscheidet durchaus zwischen dem ewigen, endgültigen Reich Gottes und der Welt, in der uns zu leben aufgegeben sei, zwischen dem „Letzten" und „Vorletzten".

Aber gerade um des Letzten willen, so stellt Bonhoeffer in seiner in den Jahren vor der Verhaftung entstandenen *Ethik* eindringlich klar, nehme der Glaube das Vorletzte ernst. Erst der kommende Herr werde die Erfüllung des Menschseins bringen, gewiß, aber nur wer das Vorletzte achte, könne ihm den Weg bereiten. Wer nur mit einem Bein auf der Erde stehe, werde wohl auch nur mit einem Fuß in den Himmel kommen, schreibt er an seine Verlobte.

Das heißt, diese Welt ist das Erdreich, in dem christlicher Glaube wachsen und leben soll – nicht bloß eine verachtete

Vorstufe künftiger Herrlichkeit. Nachfolge wird in der Welt geleistet, Christentum bedeutet nicht Erlösung aus den Sorgen, Ängsten und Sehnsüchten dieser Erde, sondern verlangt das irdische Leben auszukosten – mit seinen Freuden und seinen Katastrophen. Denn Christus selbst hat in seiner Menschwerdung Ja zur Schöpfung gesagt, „Ja zum Geschaffenen, zum Werden, zum Wachsen, zur Blüte und zur Frucht, zur Gesundheit, zum Glück, zum Können, zur Leistung, zum Wert, zum Erfolg, zur Größe, zur Ehre, kurz das Ja zur Entfaltung der Kraft des Lebens".

Christsein ist dann kein Sonderstatus, kein Aufschwung in eine fast schon überirdische Existenz als Büßer oder Heiliger, mit Hilfe ganz spezieller Methoden. „Christsein heißt nicht in einer bestimmten Weise religiös sein (...), sondern es heißt Menschsein, nicht einen Menschentypus, sondern den Menschen schafft Christus in uns. Nicht der religiöse Akt macht den Christen, sondern das Teilnehmen am Leiden Gottes im weltlichen Leben."

Früher einmal habe er so etwas wie ein heiliges Leben führen wollen, gesteht der Häftling Bonhoeffer nachdenklich in einem Brief aus seiner Zelle – geschrieben am 21. Juli 1944, wenige Stunden, nachdem er vom Scheitern des Attentats auf Hitler erfahren hat. „Später erfuhr ich, und ich erfahre es bis zur Stunde, daß man erst in der vollen Diesseitigkeit des Lebens glauben lernt." Erst wenn man völlig darauf verzichte, aus sich etwas zu machen, einen bekehrten Sünder, einen Kirchenmann, einen Gerechten, erst wenn man in der Fülle der Fragen und Aufgaben, Erfolge und Mißerfolge, Erfahrungen und Ratlosigkeiten zu leben wage, „dann wirft man sich Gott ganz in die Arme, dann nimmt man nicht mehr die eigenen Leiden, sondern das Leiden Gottes in der Welt ernst (...) und so wird man ein Mensch, ein Christ".

Kein Hintertürchen für den „Lückenbüßer-Gott"

Voraussetzung dieser Weltlichkeit und Diesseitigkeit des Glaubens, von der Dietrich Bonhoeffer so gern spricht, ist die Anerkennung der *mündigen Welt*. Die Theologie löst damit endlich eine Grundforderung der Aufklärung ein: den „Ausgang des Menschen aus seiner selbstverschuldeten Unmündigkeit“ (Kant). Der Mensch faßt Mut, sich seines eigenen Verstandes zu bedienen, seine Probleme allein zu lösen – selbstbewußter Mittelpunkt der Welt, nicht mehr zitternder Sklave höherer Mächte.

Doch wo bleibt da Gott? Wird er mit der Inbesitznahme der Welt durch den Menschen nicht unweigerlich an den Rand gedrängt, immer weiter und weiter, bis er aus dem Universum kippt und diese Welt tatsächlich gott-los ist? Oder kann Christus auch der Herr und das Zentrum einer mündig gewordenen Welt sein?

Besorgte Christen pflegen in dieser Situation ihre Zuflucht zu allerlei Rückzugsgefechten und Hintertürchen zu nehmen, um Gott noch ein kleines Stück Macht über diese Welt zu erhalten, die ganz gut ohne ihn auszukommen scheint. Die beliebteste Methode ist die, nach Notsituationen, Konflikten, offenen Fragen zu suchen, wo Menschen nur schwer Antwort und Trost geben können und der alte Gott als *deus ex machina* aus der Versenkung auftauchen kann. Unversehens ist dieser Gott nur noch zuständig für Leid und Schuld und Tod, ein trauriger, ziemlich unheimlicher Zeitgenosse, abgedrängt in die Randzonen menschlichen Daseins, an die man nicht so gern denkt. Ein Gott der Verzweifelten, Hilflosen, Gescheiterten.

Bonhoeffer lehnt alle Versuche, Gott zum „Lückenbüßer“ für *noch* fehlende menschliche Fähigkeiten, zur „Arbeitshypothese“ für *noch* ungelöste Probleme zu machen und ihn so über „Notausgänge“ in die Welt hineinzuschmuggeln, kategorisch ab. „Die Religiösen sprechen von Gott, wenn menschliche Erkenntnis (manchmal schon aus Denkfaulheit) zu Ende ist oder wenn menschliche Kräfte versagen (...); das hält zwangsläufig immer nur so lange vor, bis die Menschen aus eigener Kraft die Grenzen etwas weiter hinausschieben und Gott als deus ex machina überflüssig wird (...)“

Vor allem aber ist das nicht der Gott der Bibel und nicht der Jesus des Evangeliums – der den Menschen keinesfalls zunächst einmal Sünden und Probleme eingeredet hat, um sich dann als

Retter anbieten zu können. („Wenn Jesus Sünder selig machte, so waren das wirkliche Sünder, aber Jesus machte nicht aus jedem Menschen zuerst einmal einen Sünder [...] warum hätte er sonst Kranke gesund gemacht, Schwachen die Kraft wiedergegeben?") Bonhoeffer nennt solche Attacken „sinnlos" – vergleichbar dem Versuch, „einen zum Mann gewordenen Menschen in seine Pubertätszeit zurückzuversetzen" –, „unvornehm" in ihrer Ausnutzung menschlicher Schwächen und „unchristlich", weil Christus hier mit einer bestimmten Stufe menschlicher Religiosität verwechselt werde.

Er lehnt es beispielsweise ab, bei Bombenangriffen zu beten und die Menschen, die mit ihm im Bunker sind, damit zu beruhigen. Das hieße für ihn, ihre Schwäche zu „religiösen Erpressungen" auszunutzen. Auch Jesus am Kreuz habe den beiden Räubern zu seinen Seiten keine Predigt gehalten. „Als wir gestern abend wieder auf dem Fußboden lagen", berichtet er im Januar 1944 von einem Bombenalarm in Tegel, „und einer vernehmlich: ‚Ach Gott, ach Gott!' rief – sonst ein sehr leichtfertiger Geselle –, brachte ich es nicht über mich, ihn irgendwie christlich zu ermutigen und zu trösten, sondern ich weiß, daß ich nach der Uhr sah und nur sagte: es dauert höchstens noch 10 Minuten". In anderen Fällen erinnert er daran, „daß für die kleineren Städte ein solcher Angriff noch viel schlimmer wäre". Für seine Mithäftlinge in Tegel schreibt er dagegen bereitwillig Gebete nieder, dazu bestimmt, die alltäglichen Demütigungen und Sorgen zu reflektieren und Gott anzuvertrauen.

Eine „pfäffische" Unart nennt es Bonhoeffer mit beißendem Spott, „jenes Hinter-den-Sünden-der-Menschheit-Herschnüffeln, um sie einzufangen". Man meine wohl, das Wesen des Menschen bestehe in seinen intimsten Abgründen, „und ausgerechnet in diesen menschlichen Heimlichkeiten soll nun Gott seine Domäne haben!"

Ihm geht es darum, „daß man Gott nicht noch an irgendeiner allerletzten heimlichen Stelle hineinschmuggelt, sondern daß man die Mündigkeit der Welt und des Menschen einfach anerkennt, daß man den Menschen in seiner Weltlichkeit nicht ‚madig macht', sondern ihn an seiner stärksten Stelle mit Gott konfrontiert, daß man auf alle pfäffischen Kniffe verzichtet und nicht in Psychotherapie oder Existenzphilosophie einen Wegbereiter Gottes sieht". Gott hat solche „Zudringlichkeiten" nicht nötig, er verbündet sich nicht mit dem „Mißtrauen der Ängstlichen", sondern ist einfach da.

Und zwar keineswegs nur an den Grenzen des Menschen; dort solle man ruhig schweigen und unlösbare Fragen ungelöst lassen. Bonhoeffer: „Gott ist auch hier kein Lückenbüßer; nicht erst an den Grenzen unserer Möglichkeiten, sondern mitten im Leben muß Gott erkannt werden; im Leben und nicht erst im Sterben, in Gesundheit und Kraft und nicht erst im Leiden, im Handeln und nicht erst in der Sünde will Gott erkannt werden." So gesehen, sei die mündige Welt „gottloser und darum vielleicht gerade Gott-näher" als die unmündige, weil sie mit einer falschen Gottesvorstellung aufräume und den Blick frei mache für den wirklichen Gott der Bibel.

Nüchtern und nicht ohne Ironie faßt er in einem „Weihnachtsbrief" aus seiner Zelle am 18. Dezember 1943 zusammen: „Ich glaube, wir sollen Gott in unserem *Leben* und in dem, was er uns an Gutem gibt, so lieben und solches Vertrauen zu ihm fassen, daß wir, wenn die Zeit kommt und da ist – aber wirklich erst dann! –, auch mit Liebe, Vertrauen und Freude zu ihm gehen. Aber – um es deutlicher zu sagen – daß ein Mensch in den Armen seiner Frau sich nach dem Jenseits sehnen soll, das ist milde gesagt eine Geschmacklosigkeit und jedenfalls nicht Gottes Wille. Man soll Gott in dem finden und lieben, was er uns gerade gibt; wenn es Gott gefällt, uns ein überwältigendes irdisches Glück genießen zu lassen, dann soll man nicht frömmer sein als Gott und dieses Glück durch übermütige Gedanken und Herausforderungen und durch eine wildgewordene religiöse Phantasie, die an dem, was Gott gibt, nie genug haben kann, wurmstichig werden lassen."

Und überhaupt soll man nicht dauernd und bei jeder Gelegenheit von Gott reden. Es gebe auch einen gutgemeinten Mißbrauch des Namens Gottes, bemerkt er in einer 1944 in der Zelle geschriebenen Auslegung der Zehn Gebote, um die ihn irgend jemand gebeten hatte. „Er geschieht, wenn wir Christen den Namen Gottes so selbstverständlich, so oft, so glatt und so vertraulich im Munde führen, daß wir der Heiligkeit und dem Wunder seiner Offenbarung Abbruch tun. (...) Es ist Mißbrauch, über Gott zu sprechen, ohne sich seiner lebendigen Gegenwart in seinem Namen bewußt zu sein. Es ist Mißbrauch, wenn wir von Gott reden, als hätten wir ihn jederzeit zu unserer Verfügung und als hätten wir in seinem Rat gesessen. Wir mißbrauchen auf alle diese Weisen den Namen Gottes, indem wir ihn zu einem leeren menschlichen Wort und kraftlosen Geschwätz machen, und wir entheiligen ihn damit mehr, als die Lästerer ihn entheiligen können."

„Wo ist Gott?" – „Dort hängt er, am Galgen!"

Dietrich Bonhoeffer akzeptiert die mündige Welt also ohne Einschränkung, weil er fest davon überzeugt ist, daß sie den Absichten Gottes entspricht. Den Optimismus der Aufklärer teilt er jedoch nicht; er hat im Gefängnis schmerzlich erfahren müssen, in welches Dunkel der Verzicht auf den Lückenbüßer-Gott führen kann. Das ist vielleicht der größte Schock für einen glaubenden Menschen: in der tiefsten Verzweiflung keinen rettenden Gott mehr zu finden, in einer Welt leben zu müssen, die von Gott scheinbar verlassen worden ist.

Aber genau dieser Gott – das ist Bonhoeffers entscheidende theologische Leistung – ist seinen Menschen treu und nah geblieben. In seinem Gefängnisbrief vom 16. Juli 1944 gibt es eine Stelle, die immer wieder zitiert wird: „Und wir können nicht redlich sein, ohne zu erkennen, daß wir in der Welt leben müssen – *‚etsi deus non daretur'*", als ob es Gott nicht gäbe.

„Und eben dies erkennen wir – vor Gott! Gott selbst zwingt uns zu dieser Erkenntnis. So führt uns unser Mündigwerden zu einer wahrhaftigen Erkenntnis unserer Lage vor Gott. Gott gibt uns zu wissen, daß wir leben müssen als solche, die mit dem Leben ohne Gott fertig werden. Der Gott, der mit uns ist, ist der Gott, der uns verläßt (Markus 15,34)! Der Gott, der uns in der Welt leben läßt ohne die Arbeitshypothese Gott, ist der Gott, vor dem wir dauernd stehen. *Vor und mit Gott leben wir ohne Gott.* Gott läßt sich aus der Welt herausdrängen ans

Kreuz, Gott ist ohnmächtig und schwach in der Welt, und gerade und nur so ist er bei uns und hilft uns."

Das ist der Angelpunkt dieser Theologie eines Todgeweihten: Gott ist – in Christus – in der Welt anwesend, aber als Leidender. Die Erfahrung des Karfreitags nimmt hier Gestalt an, und mit dem Hinweis auf das Markus-Evangelium zitiert Bonhoeffer als seinen Kronzeugen den sterbenden Christus, der am Kreuz nur noch in den verfinsterten Himmel hinauf schreien konnte: „Mein Gott, warum hast du mich verlassen?"

Gott selbst leidet mit seiner Welt mit, ein leidender, ohnmächtiger, dienender Christus bildet ihr Zentrum. Gott ist keine Supermacht, er gibt sich hin – und verwandelt damit die Not. Das ist die Kraft, die vom Kreuz ausstrahlt.

Aus dem Inferno der Vernichtungslager ist eine Begebenheit überliefert, die wie eine Illustration dieser Gedanken wirkt: Im KZ Buna wurde ein Junge als „Hochverräter" gehängt, weil er Untergrundnachrichten von Baracke zu Baracke geschmuggelt hatte. Seiner Hinrichtung mußten alle Blockinsassen zusehen, und einer rief anklagend oder auch nur verzweifelt: „Wo ist jetzt Gott?"

Da wies ein anderer mit der Hand auf die Leiche des Jungen und sagte:

„Dort ... dort hängt er, am Galgen!"

Die Geschichte darf nicht für eine tröstliche Kreuzestheologie vereinnahmt werden. Sie erzählt nicht von der Nähe Gottes, sondern von der Gottverlassenheit der Opfer. Der gehängte Gott ist der ohnmächtige Gott, kraftlos, geschunden, preisgegeben und hingemordet wie die Menschen, die er geschaffen hat.

Darin besteht der himmelweite Unterschied von christlichem Glauben und Religion. Religion im üblichen Sinn, so Bonhoeffer in der Nachfolge Karl Barths, sei dazu da, dem Menschen das Leben erträglicher zu machen, ihm Sicherheit und Schutz zu garantieren; sie weise ihn in Notsituationen an den schon genannten *deus ex machina,* mächtig und hilfreich. Ganz anders die christlich-jüdische Beziehung zu Gott: „Die Bibel weist den Menschen an die Ohnmacht und das Leiden Gottes; nur der leidende Gott kann helfen."

Alle diese Gedankengänge sind Fragmente, in den Briefen bunt eingestreut in Schilderungen vom Gefängnisalltag und anteilnehmende private Fragen, Erinnerungen, philosophische Anmerkungen, Hinweise auf Lektüre und Radiosendungen. Um so erstaunlicher, wie geschlossen dieses Gebäude bereits wirkt, das manchmal wohl recht hastig niedergeschrieben werden mußte, unterbrochen von Bombenalarmen („eben geht die Sirene; nachher weiter“), überschattet von der ständigen Ungewißheit über das künftige Schicksal. Tastend, nicht immer völlig ausgegoren, noch nicht zum System fixiert, zeichnet Dietrich Bonhoeffer ein neues Bild vom Glauben in einer trostlosen Welt, redlich, realistisch, im zähen Kampf um einen Gott, der so weit weg scheint.

Keinen Augenblick verliert sich der Häftling in Illusionen, eine bestechend nüchterne Zeitanalyse prägt all diese Zeugnisse. „Wir gehen einer völlig religionslosen Zeit entgegen“, stellt er am 30. April 1944 fest, „die Menschen können einfach, so wie sie nun einmal sind, nicht mehr religiös sein“. Wenn sich eines Tages herausstellen sollte, daß die fast zwei Jahrtausende hindurch angenommene religiöse Natur des Menschen bloß eine geschichtlich bedingte und vergängliche Ausdrucksform gewesen ist – was bedeutet das dann für das Christentum?

„Wie kann Christus der Herr auch der Religionslosen werden? Gibt es religionslose Christen? Wenn die Religion nur ein Gewand des Christentums ist – und auch dieses Gewand hat zu verschiedenen Zeiten sehr verschieden ausgesehen –, was ist dann ein religionsloses Christentum? (...) Wie sprechen wir von Gott – ohne Religion, d. h. eben ohne die zeitbedingten Voraussetzungen der Metaphysik, der Innerlichkeit etc. etc.? (...) Christus ist dann nicht mehr Gegenstand der Religion, sondern etwas ganz anderes, wirklich Herr der Welt. Aber was heißt das? Was bedeutet in der Religionslosigkeit der Kultus und das Gebet?“

Um eine *nichtreligiöse Interpretation* des Glaubens geht es – ein letzter Zentralbegriff der Bonhoefferschen Theologie.

Keine Religion mehr als Flucht aus der Verantwortung zum allmächtigen Helfer, der auf alle Nöte und Probleme eine Antwort weiß. Kein Gott mehr als Lückenfüller, kein Christus mehr als Medizin für die Krankheiten dieser Welt, die wir selbst kurieren sollen. Kein Glaube mehr als Besitz von Auserwählten, die irdischen Machtverhältnisse stabilisierend.

Wir erinnern uns: Schon der junge Auslandspfarrer Bonhoeffer hat die biederen Kaufleute in Barcelona geschockt, indem er der bürgerlichen Religion unerbittlich (und ohne großes pädagogisches Geschick) einen ganz anders gearteten christlichen Glauben entgegensetzte. „Nicht Religion macht uns gut vor Gott, sondern Gott allein macht uns gut", sagte er dort auf der Predigtkanzel, und: „Religion und Sittlichkeit sind die schwersten Gefahren für die Erkenntnis der göttlichen Gnade, denn sie tragen den Keim in sich, selbst zu Gott den Weg finden zu wollen." Religion als trügerisches Angebot der Selbsterlösung, Religion als ein kleiner reservierter Bezirk in einem sonst ganz anderen Werten verpflichteten Leben, Religion als jenseitiger Trost, über die Welt erhaben und fern von der Welt. Schlußfolgerung: Christus habe keine neue Religion gebracht, sondern die Liebe Gottes.

Denn Gott ist für Bonhoeffer nicht jemand, den man „hat" und festhalten kann. Seine Liebe verdient man sich nicht, man bekommt sie geschenkt. „Einen Gott, den es gibt, gibt es nicht", hat er schon 1930 geschrieben, sich stets davor hütend, Gott zu einer faßbaren, experimentell beweisbaren Figur zu machen und ihm damit seine Größe, seine Wärme, sein Leben zu nehmen. Es ist derselbe Respekt vor dem Mysterium, wie wir ihn bei den Juden finden, für deren Menschenrechte er als ihr Christenbruder gekämpft hat und mit denen er im KZ gestorben ist.

Was wird das für eine Kirche sein, von der Dietrich Bonhoeffer träumt? Er will sie ja keineswegs abschaffen, sondern radikal erneuern. Bonhoeffer hat nur sehr sparsame Andeutungen darüber gemacht. Es wird eine Kirche sein, die für andere da ist, die an der Seite der Benachteiligten am Gemeinschaftsleben teilnimmt, „nicht herrschend, sondern helfend und dienend". Eine Kirche, die nicht bloß predigt, sondern ein

Vorbild lebt, arm, ohne Eigentum, mit Pastoren, die einen weltlichen Beruf ausüben oder von freiwilligen Gaben existieren.

„Unsere Kirche, die in diesen Jahren nur um ihre Selbsterhaltung gekämpft hat, als wäre sie ein Selbstzweck, ist unfähig, Träger des versöhnenden und erlösenden Wortes für die Menschen und für die Welt zu sein", so zieht er im Mai 1944 nüchtern Bilanz. Wird sich das Christentum erneuern können? „In den überlieferten Worten und Handlungen ahnen wir etwas ganz Neues und Umwälzendes, ohne es noch fassen und aussprechen zu können."

Wenn die altgewohnten Worte kraftlos werden und verstummen, wird das Christsein nur mehr im Beten und im verantwortlichen Handeln bestehen. Das wird die Gestalt der Kirche umschmelzen: „Es ist nicht unsere Sache, den Tag vorauszusagen – aber der Tag wird kommen –, an dem wieder Menschen berufen werden, das Wort Gottes so auszusprechen, daß sich die Welt darunter verändert und erneuert. Es wird eine neue Sprache sein, vielleicht ganz unreligiös, aber befreiend und erlösend, wie die Sprache Jesu, daß sich die Menschen über sie entsetzen und doch von ihrer Gewalt überwunden werden, die Sprache einer neuen Gerechtigkeit und Wahrheit, die Sprache, die den Frieden Gottes mit den Menschen und das Nahen seines Reiches verkündigt."

Märtyrer für die falsche Sache?

In Deutschland, dessen andere, humane Seite er in einer Zeit der nationalen Schande sichtbar gemacht hat, wollte man diese Sprache nicht immer gern hören. Während Bonhoeffer im angloamerikanischen Raum begeistert gelesen und diskutiert, freilich auch kräftig mißverstanden und von der „Gott-ist-tot-Theologie" zu Unrecht vereinnahmt wurde, während man ihn in den sozialistischen Ländern als „Propheten einer neuen Christenheit" feierte (und dabei ebenfalls wichtige Seiten seiner Persönlichkeit und Gedankenwelt unterschlug), hatten die Kirchen in der Westhälfte Deutschlands ihre liebe Not mit dem Widerstandskämpfer im Pastorenrock.

In der weltweiten Christenheit ist im 20. Jahrhundert wohl kein Buch eines deutschen Theologen auf so brennendes Interesse gestoßen wie Bonhoeffers Gefängnisaufzeichnungen, die sein Freund Eberhard Bethge 1951 unter dem Titel *Widerstand und Ergebung* veröffentlichte. Ein Franzose urteilte begeistert: „Seine Briefe, emporgestiegen aus Nacht und Nebel, tauchten auf wie eine ins Meer geworfene Flaschenpost, die endlich ihre Adressaten erreicht hat." Schon 1986, als der deutsche *Christian-Kaiser-Verlag* mit seiner Neuausgabe von Bonhoeffers Werken begann, hatte die internationale Gesamtauflage eine halbe Million längst überschritten; *Nachfolge* und *Widerstand und Ergebung* waren in sechzehn Sprachen übersetzt worden.

Nach der – von Christen wesentlich mitgetragenen – Revolution in Nicaragua erschien 1983 als erstes Buch im Staatsverlag der sandinistischen Regierungsjunta *Resistencia y sumisión:* Widerstand und Ergebung. Der in Rio de Janeiro herausgekommenen portugiesischen Ausgabe von *Resistencia e Submissao* stellte der aus Rostock stammende Theologe Ernesto Bernhoeft – Jahrgang 1917, jüdischer Abstammung, als Mitglied der Bekennenden Kirche aus Nazi-Deutschland emigriert – einen poetischen Dank an Bonhoeffer voraus: „Vielleicht versteht ein müde gewordenes Europa nicht mehr, was sein junger Prophet ihm zu sagen hat. Wir dagegen auf diesem Kontinent, der mündig werden will, hören die Stimme, die auf unsere Sehnsucht antwortet (...)" Auch in Japan und Korea spielt der dort vor allem als Blutzeuge interessante Bonhoeffer seit den fünfziger Jahren eine wichtige Rolle im Emanzipationsprozeß der Christen.

In seiner deutschen Heimat aber löste er lange Zeit eher Berührungsängste und Befremden aus. Als 1953 im bayerischen KZ Flossenbürg eine Gedenktafel für Bonhoeffer enthüllt werden sollte („ein Zeuge Jesu Christi unter seinen Brüdern"), weigerte sich der evangelisch-lutherische Landesbischof, an der Feier teilzunehmen. Bonhoeffer sei schließlich kein christlicher, sondern bloß ein politischer Märtyrer gewesen.

Sein Gleichnis vom betrunkenen Autofahrer auf dem Kurfürstendamm, dem man das Lenkrad entreißen müsse, statt die Beerdigung seiner Opfer vorzubereiten, schien zwar einleuchtend. Aber ein Pfarrer, der sich Hochverrätern anschloß und allen Ernstes die Beseitigung des Tyrannen vorbereitete? Ein Pfarrer als potentieller Mörder? Das konnten viele Deutsche nicht verkraften – vor allem natürlich jene, die damals in der braunen Diktatur keinen Finger für die Verfolgten krumm gemacht und feige geschwiegen hatten. Man könne den Anschlag vom 20. Juli 1944 „niemals gutheißen, in welcher Absicht er auch ausgeführt sein mag", versicherte Bonhoeffers Berlin-Brandenburgische Kirche genau ein Jahr nach dem Attentat, als Hitlers Imperium bereits in Trümmer gesunken war.

1978 wies die Kanzlei der Evangelischen Kirche in Deutschland pikiert die Berufung südafrikanischer Kirchenkreise auf Bonhoeffer zurück, als es um die Frage einer möglichen gewaltsamen Abschaffung der Apartheid ging. Bonhoeffers persönliche Gewissensentscheidung könne keinen Modellcharakter für eine ganze Kirche haben.

Erst die neunziger Jahre brachten auf breiter Front einen Umschwung in der Beurteilung. Betroffene Predigten, nachdenkliche Zeitungsartikel, Rundfunk- und Fernsehfeatures von großem Ernst, ein Rockmusical (komponiert von Peter Janssens) und die unvermeidliche Sondermarke, als man 1995 des 50. Todestags gedachte. Mit dem bayerischen Landesbischof Hermann von Loewenich nannte zum ersten Mal ein hoher Kirchenrepräsentant Bonhoeffer ohne Wenn und Aber einen „Märtyrer": „Er redet nicht nur von der Nachfolge, er vollzieht und erleidet sie auf einem ungewöhnlichen Weg. (...) Mit dem Tod am Galgen besiegelt er diesen Weg. Er wird zum Märtyrer. Zum Zeugen Jesu Christi unter seinen Schwestern und Brüdern, der seinem Herrn bis zum Tod treu bleibt. In der Spur seines Herrn ist er am Morgen des 9. April 1945 buchstäblich hinausgegangen ‚aus dem Lager', um nackt und bloß am Galgen ‚die Schmach seines Herrn zu tragen'."

Noch ein zweiter prominenter Protestant der Nazi-Zeit machte 1995 Schlagzeilen: Bei einem Gedenkgottesdienst für Bonhoeffer in München wurde eine Büste des Gründers der dortigen Erwachsenenbildungseinrichtung *Evangelisches Fo-*

rum, Theodor Heckel, symbolisch verhüllt, um auf die zwielichtige Rolle Heckels im Dritten Reich hinzuweisen. Als Leiter des Kirchlichen Außenamtes mit Bischofsrang war er für die Kontrolle der ökumenischen Aktivitäten der Bekennenden Kirche zuständig; 1936 denunzierte er Bonhoeffer als „Pazifisten und Staatsfeind". Die Provokation im Gottesdienst sorgte für heiße Debatten und ein Symposion, bei dem versucht wurde, die bisher verdrängten innerkirchlichen Konflikte jener Jahre aufzuarbeiten.

Währenddessen wurde am New Yorker *Union Theological Seminary*, wo Bonhoeffer 1930/31 ein Studienjahr verbracht hatte, ein Stiftungslehrstuhl für Theologie und Ethik zur Erinnerung an den Vordenker aus Deutschland eingerichtet; die zwei Millionen Dollar Stiftungskapital stammten von amerikanischen und deutschen Landeskirchen und Wirtschaftsunternehmen. An der restaurierten Westfassade der Londoner Westminster Abbey wurde Pastor Bonhoeffer – der in der britischen Hauptstadt 1933/34 zwei deutsche Auslandsgemeinden betreut hatte – in Gestalt einer Statue verewigt, neben Figuren von Martin Luther King, Pater Maximilian Kolbe, Erzbischof Oscar Romero und anderen zeitgenössischen Märtyrern. Bonhoeffers Name soll auch in einem *Martyrologium* des 20. Jahrhunderts stehen, das der Vatikan bei den nationalen katholischen Bischofskonferenzen in Auftrag gegeben hat und das auf ausdrücklichen Wunsch von Papst Johannes Paul II. Blutzeugen aus allen christlichen Konfessionen enthalten soll.

Solange Menschen ihre Mitkreaturen zu Opfern machen und die Gier nach Macht und Besitz diesen armen Planeten regiert, so lange bleiben Bonhoeffers Visionen von einer Kirche aktuell, die den Elenden zu dienen hat und nicht dem eigenen Glanz. Seine *Nachfolge* endet mit der nüchternen Handlungsanweisung: „Das Leben Jesu Christi ist auf dieser Erde noch nicht zu Ende gebracht."

Ausgewählte Literatur

Adam, Uwe Dietrich: Judenpolitik im Dritten Reich, Düsseldorf 1972

Bethge, Eberhard: Dietrich Bonhoeffer. Theologe – Christ – Zeitgenosse. Eine Biographie, München [3]1967

–: Dietrich Bonhoeffer in Selbstzeugnissen und Bilddokumenten (rororo-bildmonographien), Reinbek bei Hamburg [4]1980

Bethge, Eberhard und Renate / Gremmels, Christian (Hrsg.): Dietrich Bonhoeffer. Bilder aus seinem Leben, München 1989

Bismarck, Ruth-Alice von / Kabitz, Ulrich (Hrsg.): Brautbriefe Zelle 92. Dietrich Bonhoeffer. Maria von Wedemeyer. 1943–1945, München 1992

Bobert-Stützel, Sabine: Dietrich Bonhoeffers Pastoraltheologie, Gütersloh 1995

Bonhoeffer, Dietrich: Werke, 16 Bände, hrsg. von Eberhard Bethge, Ernst Feil, Christian Gremmels, Wolfgang Huber, Hans Pfeifer, Albrecht Schönherr, Heinz Eduard Tödt, Ilse Tödt:

Band 1: Sanctorum Communio. Eine dogmatische Untersuchung zur Soziologie der Kirche. Hrsg. von Joachim von Soosten, München 1986

Band 2: Akt und Sein. Transzendentalphilosophie und Ontologie in der systematischen Theologie. Hrsg. von Hans R. Reuter, München 1988

Band 3: Schöpfung und Fall. Hrsg. von Martin Rüter und Ilse Tödt, München 1989

Band 4: Nachfolge. Hrsg. von Martin Kuske und Ilse Tödt, München 1989

Band 5: Gemeinsames Leben. Das Gebetbuch der Bibel. Hrsg. von Gerhard L. Müller und Albrecht Schönherr, München 1987

Band 6: Ethik. Hrsg. von Ernst Feil, Clifford Green, Heinz E. Tödt und Ilse Tödt, München 1992

Ergänzungsband zu Band 6: Zettelnotizen für eine „Ethik". Hrsg. von Ilse Tödt, Gütersloh 1993

Band 7: Fragmente aus Tegel. Hrsg. von Renate Bethge und Ilse Tödt, Gütersloh 1994

Band 8: Widerstand und Ergebung. Hrsg. von Eberhard Bethge, Renate Bethge und Christian Gremmels, Gütersloh 1998

Band 9: Jugend und Studium 1918–1927. Hrsg. von Hans Pfeifer in Zusammenarbeit mit Clifford Green und Carl J. Kaltenborn, München 1986

Band 10: Barcelona, Berlin, Amerika 1928–1931. Hrsg. von Hans Ch. von Hase und Reinhard Staats in Zusammenarbeit mit Holger Roggelin und Matthias Wünsche, München 1991

Band 11: Ökumene, Universität, Pfarramt 1931–1932. Hrsg. von Eberhard Amelung und Christoph Strohm, Gütersloh 1994

Band 12: Berlin 1932–1933. Hrsg. von Carsten Nicolaisen und Ernst-Albert Scharffenorth, Gütersloh 1997

Band 13: London 1933–1935. Hrsg. von Hans Goedeking, Martin Heimbucher und Hans W. Schleicher, Gütersloh 1994

Band 14: Illegale Theologenausbildung: Finkenwalde 1935–1937. Hrsg. von Otto Dudzus und Jürgen Henkys, Gütersloh 1996

Band 15: Illegale Theologenausbildung: Sammelvikariate 1937–1940. Hrsg. von Dirk Schulz, Gütersloh 1998

Band 16: Konspiration und Haft 1940–1945. Hrsg. von Jørgen Glenthøj, Ulrich Kabitz und Wolf Krötke. Bearbeitet von Herbert Anzinger, Gütersloh 1996

Ergänzungsband: So ist es gewesen. Briefe im Kirchenkampf 1933–1942 von Gerhard Vibrans, aus seinem Familien- und Freundeskreis und von Dietrich Bonhoeffer. Hrsg. von Dorothea und Gerhard Andersen, Eberhard Bethge und Elfriede Vibrans, Gütersloh 1995

Bonhoeffer, Dietrich: Gesammelte Schriften, sechs Bände, hrsg. von Eberhard Bethge: Band I: Ökumene. Briefe, Aufsätze, Dokumente. 1928–1942, München [2]1965

Band II: Kirchenkampf und Finkenwalde. Resolutionen, Aufsätze, Rundbriefe. 1933–1943, München [2]1965

Band III: Theologie – Gemeinde. Vorlesungen, Briefe, Gespräche. 1927–1944, München [2]1966

Band IV: Auslegungen – Predigten. 1931–1944, München [2]1965

Band V: Seminare – Vorlesungen – Predigten. 1924–1941, München 1972

Band VI: Tagebücher – Briefe – Dokumente. 1923–1945, München 1974

Bonhoeffer, Dietrich: Dein Reich komme. Das Gebet der Gemeinde um Gottes Reich auf Erden. Die erste Tafel. Eine Auslegung der ersten drei Gebote. Hrsg. von Eberhard Bethge, Hamburg 1957

–: Ethik. Zusammengestellt und hrsg. von Eberhard Bethge, München [11]1985

–: Widerstand und Ergebung. Briefe und Aufzeichnungen aus der Haft. Hrsg. von Eberhard Bethge (Gütersloher Taschenbücher), Gütersloh [13]1985

Boyens, Armin: Kirchenkampf und Ökumene. Darstellung und Dokumentation. Band 1: 1933–1939, München 1969
–: Band 2: 1939–1945, München 1973
Bracher, Karl-Dietrich: Die deutsche Diktatur. Entstehung, Struktur, Folgen des Nationalsozialismus, Köln 1969
Brakelmann, Günther (Hrsg.): Kirche im Krieg. Der deutsche Protestantismus am Beginn des Zweiten Weltkrieges, München 1979
Busch, Eberhard: Juden und Christen im Schatten des Dritten Reiches. Aufsätze zu einer Kritik des Antisemitismus in der Zeit der Bekennenden Kirche, München 1979
Chowaniec, Elisabeth: Der „Fall Dohnanyi". Widerstand, Militärjustiz, SS-Willkür (Schriftenreihe der Vierteljahreshefte für Zeitgeschichte Band 62), München 1991
Denzler, Georg / Fabricius, Volker: Die Kirchen im Dritten Reich. Christen und Nazis Hand in Hand?, Band 1: Darstellung, Frankfurt am Main 1984
–: Band 2: Dokumente, Frankfurt am Main 1984
Domarus, Max (Hrsg.): Hitler. Reden und Proklamationen 1932–1945, Wiesbaden 1973
Feil, Ernst: Die Theologie Dietrich Bonhoeffers. Hermeneutik – Christologie – Weltverständnis, München 1971
– *(Hrsg.):* Verspieltes Erbe? Dietrich Bonhoeffer und der deutsche Nachkriegsprotestantismus (Internationales Bonhoeffer Forum Band 2), München 1979
– *(Hrsg.):* Internationale Bibliographie zu Dietrich Bonhoeffer. Unter Mitarbeit von Barbara Fink-Stöwe, Gütersloh 1995
Feldmann, Christian: Wer glaubt, muß widerstehen. Bernhard Lichtenberg – Karl Leisner, Freiburg im Breisgau [3]1996
Fink, Heinrich / Kaltenborn, Christoph / Kraft, Dieter: Dietrich Bonhoeffer – Gefährdetes Erbe in bedrohter Welt. Beiträge zur Auseinandersetzung um sein Werk, Berlin 1987
Gerrens, Uwe: Medizinisches Ethos und theologische Ethik. Die Position von Karl Bonhoeffer und Dietrich Bonhoeffer in den Auseinandersetzungen um Zwangssterilisation und Euthanasie im Nationalsozialismus, Dissertation Heidelberg 1994
Gibellini, Rosino: Handbuch der Theologie im 20. Jahrhundert, Regensburg 1995
Glenthøj, Jørgen (Hrsg.): Dokumentation zur Bonhoeffer-Forschung 1928–1945 (Mündige Welt Band V), München 1969
Göppinger, Horst: Die Verfolgung der Juristen jüdischer Abstammung durch den Nationalsozialismus, Villingen 1963

Gremmels, Christian / Grosse, Heinrich W. (Hrsg.): Dietrich Bonhoeffer. Der Weg in den Widerstand (Kaiser-Taschenbücher), Gütersloh 1996

Gremmels, Christian / Tödt, Ilse (Hrsg.): Glaube, Religionslosigkeit und Weltverantwortung nach Dietrich Bonhoeffer (Internationales Bonhoeffer Forum Band 7), München 1987

Heimbucher, Martin: Christusfriede – Weltfrieden. Dietrich Bonhoeffers kirchlicher und politischer Kampf gegen den Krieg Hitlers und seine theologische Begründung, Gütersloh 1997

Henkys, Jürgen: Dietrich Bonhoeffers Gefängnisgedichte. Beiträge zu ihrer Interpretation, Berlin (Ost) 1986

Huber, Wolfgang (Hrsg.): Schuld und Versöhnung in politischer Perspektive. Dietrich-Bonhoeffer-Vorlesungen in Berlin (Internationales Bonhoeffer Forum. Forschung und Praxis 10), Gütersloh 1996

– */ Tödt, Ilse:* Ethik im Ernstfall. Dietrich Bonhoeffers Stellung zu den Juden und ihre Aktualität (Internationales Bonhoeffer Forum Band 4), München 1982

Klee, Ernst: „Euthanasie" im NS-Staat. Die „Vernichtung lebensunwerten Lebens", Frankfurt am Main 1983

Kodalle, Klaus-M.: Dietrich Bonhoeffer. Zur Kritik seiner Theologie, Gütersloh 1991

Kosugi, Katsuji: Eine Studie über die Rezeption der Theologie Dietrich Bonhoeffers in Ostasien. Am Beispiel des Nachkriegsprotestantismus in Japan und Korea von 1945 bis 1975, Dissertation Hamburg 1983

Kupisch, Karl (Hrsg.): Quellen zur Geschichte des deutschen Protestantismus 1871–1945, München / Hamburg 1965

Leibholz-Bonhoeffer, Sabine: Vergangen – erlebt – überwunden. Schicksale der Familie Bonhoeffer, Wuppertal / Barmen 1968

Mayer, Rainer / Zimmerling, Peter (Hrsg.): Dietrich Bonhoeffer – Mensch hinter Mauern. Theologie und Spiritualität in den Gefängnisjahren, Gießen / Basel 1993

Meyer, Winfried: Unternehmen Sieben. Eine Rettungsaktion für vom Holocaust Bedrohte aus dem Amt Ausland/Abwehr im Oberkommando der Wehrmacht, Frankfurt am Main 1993

Müller, Christine-Ruth: Dietrich Bonhoeffers Kampf gegen die nationalsozialistische Verfolgung und Vernichtung der Juden. Bonhoeffers Haltung zur Judenfrage im Vergleich mit Stellungnahmen aus der evangelischen Kirche und Kreisen des deutschen Widerstandes (Heidelberger Untersuchungen zu Widerstand, Judenverfolgung und Kirchenkampf im Dritten Reich, Band 5), München 1990

Niemöller, Martin: Der Pfarrernotbund. Geschichte einer kämpfenden Bruderschaft, Hamburg 1973
Nowak, Kurt: Evangelische Kirche und Weimarer Republik. Zum politischen Weg des deutschen Protestantismus zwischen 1918 und 1932, Göttingen 1981
Peters, Tiemo Rainer: Die Präsenz des Politischen in der Theologie Dietrich Bonhoeffers. Eine historische Untersuchung in systematischer Absicht (Gesellschaft und Theologie, Systematische Beiträge Nr. 18), München / Mainz 1976
Phillips, John A.: The Form of Christ in the World. A study of Bonhoeffer's christology, London 1967
Poliakov, Léon / Wulf, Joseph: Das Dritte Reich und die Juden, Berlin 1955
Röhm, Eberhard / Thierfelder, Jörg: Evangelische Kirche zwischen Kreuz und Hakenkreuz. Bilder und Texte einer Ausstellung, Stuttgart 1981
Scheffler, Wolfgang: Judenverfolgung im Dritten Reich 1933–1945, Berlin [4]1964
Schlabrendorff, Fabian von: Offiziere gegen Hitler, Berlin 1984
Schmädecke, Jürgen / Steinbach, Peter (Hrsg.): Der Widerstand gegen den Nationalsozialismus. Die deutsche Gesellschaft und der Widerstand gegen Hitler, München / Zürich 1985
Schminck-Gustavus, Christoph U.: Der „Prozeß" gegen Dietrich Bonhoeffer und die Freilassung seiner Mörder, Bonn 1995
Schoenborn, Paul Gerhard: Alphabete der Nachfolge. Märtyrer des politischen Christus, Wuppertal 1996
Schönherr, Albrecht / Krötke, Wolf (Hrsg.): Bonhoeffer-Studien. Beiträge zur Theologie und Wirkungsgeschichte Dietrich Bonhoeffers. Herausgegeben im Auftrage des Bonhoeffer-Komitees beim Bund der Evangelischen Kirchen in der Deutschen Demokratischen Republik, Berlin (Ost) 1985
Scholder, Klaus: Die Kirchen und das Dritte Reich. Band 1: Vorgeschichte und Zeit der Illusionen 1918–1934, Frankfurt am Main / Berlin / Wien 1977
–: Band 2: Das Jahr der Ernüchterung 1934 – Barmen und Rom, Berlin 1986
Sölle, Dorothee: Stellvertretung. Ein Kapitel Theologie nach dem „Tode Gottes", Stuttgart / Berlin 1965
Steinbach, Peter / Tuchel, Peter (Hrsg.): Lexikon des Widerstandes 1933–1945 (Beck'sche Reihe), München 1994
Strohm, Christoph: Theologische Ethik im Kampf gegen den Nationalsozialismus. Der Weg Dietrich Bonhoeffers mit den Juristen Hans von Dohnanyi und Gerhard Leibholz in den Widerstand

(Heidelberger Untersuchungen zu Widerstand, Judenverfolgung und Kirchenkampf im Dritten Reich, Band 1), München 1989

Tuchel, Johannes / Schattenfroh, Reinhold: Zentrale des Terrors. Prinz-Albrecht-Straße 8, Hauptquartier der Gestapo, Berlin 1987

Wedemeyer, Ruth von: In des Teufels Gasthaus. Eine preußische Familie 1918–1945, hrsg. von Peter von Wedemeyer und Peter Zimmerling, Moers 1993

Wind, Renate: Dem Rad in die Speichen fallen. Die Lebensgeschichte des Dietrich Bonhoeffer, Weinheim / Basel [2]1990

–: „Es war eigentlich nur Hoffnung". Maria von Wedemeyer, in: Ich bin was ich bin. Frauen neben großen Theologen und Religionsphilosophen des 20. Jahrhunderts, hrsg. von Esther Röhr, Gütersloh 1977, 305–344

Wistrich, Robert: Who's Who in Nazi Germany, London 1982

Zimmermann, Wolf-Dieter (Hrsg.): Begegnungen mit Dietrich Bonhoeffer, München [4]1969

Tips zum Weiterlesen

Maßgebend für die Bonhoeffer-Forschung ist mittlerweile die im *Christian-Kaiser-Verlag* erschienene Werkausgabe in 16 Bänden (detaillierte Angaben in der Literaturliste), die ausführlich kommentiert ist und zahlreiche Informationen von Verwandten, Freunden und sonstigen Zeitzeugen verarbeitet. Nicht einmal diese voluminöse, weit über neuntausend Seiten umfassende Sammlung darf sich als „Gesamtausgabe" bezeichnen. Denn zum einen tauchen immer noch Bonhoeffer-Texte auf, die bisher nicht bekannt waren, 1985 etwa Briefe in der Londoner Schroederbank und kurz zuvor in Ungarn Nachschriften aus Seminaren, die Bonhoeffer als Privatdozent 1932/33 gehalten hat. „Was wird nun noch alles aufzuarbeiten sein, wenn auch die Archive jenseits der Elbe offenstehen?" fragte Eberhard Bethge 1990 nach der Öffnung der innerdeutschen Grenzen. Zum andern verzichtet die Werkausgabe auf den Abdruck von Materialien, die nur für Spezialisten interessant sind (etwa reine Stoffsammlungen, die sich der Student Bonhoeffer aus Handbüchern zusammengestellt hat). Der Gesamtnachlaß ist allerdings mittlerweile im Koblenzer Bundesarchiv auf Mikrofiches dokumentiert und für die Forschung lückenlos zugänglich.

Für den Normalleser ist die „Werkausgabe" wegen ihres Umfangs uninteressant und mit Preisen bis zu 198 DM für den Einzelband kaum erschwinglich. Zum Glück liegen inzwischen die wichtigsten Schriften Bonhoeffers und mehrere geschickt zusammengestellte Auswahlbände als Taschenbücher oder kartonierte Sonderausgaben vor, ebenfalls bei *Christian Kaiser / Gütersloher Verlagshaus:*

Dietrich Bonhoeffer: Widerstand und Ergebung. Briefe und Aufzeichnungen aus der Haft. Hrsg. von Eberhard Bethge (Kaiser-Taschenbücher)

–: Gemeinsames Leben. Hrsg. von Eberhard Bethge, Gerhard L. Müller und Albrecht Schönherr (Kaiser-Taschenbücher)

–: Ethik. Hrsg. von Ilse Tödt, Heinz Eduard Tödt, Ernst Feil und Clifford Green (Kaiser-Taschenbücher)

–: Predigten – Auslegungen – Meditationen. Hrsg. von Otto Dudzus. Band 1: 1925–1935. Band 2: 1935–1945 (Kaiser-Taschenbücher)

Dietrich Bonhoeffer Lesebuch. Hrsg. von Otto Dudzus (Kaiser-Taschenbücher)

Vertrauen im Widerstand. Texte zur Orientierung. Hrsg. von Peter Helbich (Gütersloher Taschenbücher)

Auch die klassische, mehr als 1100 Seiten umfassende Bonhoeffer-Biographie von Eberhard Bethge ist hier in einer etwas billigeren Ausgabe als Taschenbuch erhältlich. Einen reizvollen optischen Zugang zu Bonhoeffers Schicksal und Epoche schafft der von Eberhard und Renate Bethge und Christian Gremmels herausgegebene Band „Dietrich Bonhoeffer – Bilder aus seinem Leben" (Kaiser).

Christian Feldmann

Elie Wiesel – Ein Leben gegen die Gleichgültigkeit
Band 4705
Er war ein Kind, als man ihn deportierte. In diesem Jahr wird er 70. Die spannende Reportage über einen Propheten und Zeugen unseres Jahrhunderts.

Barbara Schwepcke
Aung San Suu Kyi – Heldin von Burma
Das mutige Leben der Friedensnobelpreisträgerin
Band 4697
Die fesselnde Biographie der Tochter von Burmas Nationalhelden Aung San, einer modernen Heldin, auf die sich die Hoffnung nicht nur ihres Volkes richtet.

Frederik Hetmann
Eine Kerze, die an beiden Enden brennt
Das Leben der Rosa Luxemburg
Band 4641
„Ein Buch, das Herzklopfen macht. Die Handlung ist Dynamit..." (Verena Schuster, Der Tagesspiegel).

Roswitha Mair
Von ihren Träumen sprach sie nie
Das Leben der Künstlerin Sophie Taeuber-Arp
Romanbiographie
Band 4626
Die erste Biographie der bedeutenden Künstlerin unseres Jahrhunderts. Ein typisches Frauenschicksal – einfühlsam und gut recherchiert.

Eknath Easwaran
Der Mensch Gandhi
Sein Leben ist eine Botschaft
Band 4564
Mahatma – die „große Seele" – Gandhi, auf den spirituellen Kern und die geistige Kraft hin transparent gemacht. Mit vielen Fotos und Orginaltexten.

HERDER / SPEKTRUM